FUTURE

FUTURE

希臘神話
占星塔羅

Greek
Mythology
Astrologic
Tarot

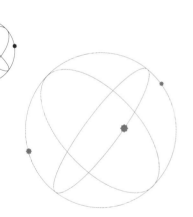

塔羅療癒師
寶靈
寶靈魔法學院專任教師
恩希

合著

希臘神話塔羅系統，
從天神的喜怒愛樂，到人間的愛恨情仇；
從史詩到篇章的故事，
展開無限的變化，以及心靈蛻變。

目錄
CONTENTS

序

前言

大阿爾卡納——天神故事

小阿爾卡納──天神交錯的故事

序
01

發現生命的無限潛能

所有的神祕學內涵，都是相通的。

這本書乃是集結我們觀察許多的臨床經驗與個案經歷，經過多次反覆運算，所創造出來的新系統。我們創造了一個可以更簡單、更輕鬆了解生命的方法。希望讀者們透過這本書，來了解自己生命的原型。

我們選擇了希臘神話，是因為希臘神話代表人類早期生活的故事歷史，這是天神們與人類之間的各種相處故事；真實是，我們每一個人都是神，夾帶著人性。這些故事與傳遞的訊息，帶領我們看見物質世界之外還有無限的可能性——我們都走向神性。

未來我們也可能會選擇羅馬、日本、中國文化等不同的題材做研究，因為每一種種族與族群，都是一種生活的形象，而地球上的我們，本質上都是連在一起的，這是神祕學之所以能夠連結生活所有事情的原因。

最傳統的數字學來自於畢達格拉斯。而這本書的占星數字系統，改編了原先的數字學系統，占星數字是適合新時代所使用的數字學，符合這個世代的集體意識，融入了希臘神話、數字、占星

眾多元素，我們發現這樣的預測是最精準的。

在這個地球上，所有的生命模式與集體意識都在改變，因此我們經過許多臨床經驗將不同的人生與故事模式，放入二十二個可能性中，以此對應塔羅牌，神話的占星數字人格系統應運而生。這個方式非常獨一無二，是我們獨家研發出來的系統，經過大量難以計數的個案經驗與幾十年的學習精髓，產生強力的占卜與運作心靈的系統。而我們仍然繼續研究著⋯⋯

我們會繼續研究著這個世代，了解所有人類生命的改變，觀察傳統占星學原本的運行變化，我們發現人心的改變能夠讓人增強，讓你跳脫原本的生命模式格局。你、我，所有的人都在改變，只要我們願意改變思想、生活、態度，擁有一個積極的心，就能夠將以往占星學上認為較負面的對衝相位、刑剋相位，改變成為激勵自己的能量。經歷過生命重大抉擇的改變，或者參與靈修改變意識的位置，你本身的星盤能量就會改變，而這也正是我們強調的，當你願意將痛苦與利己的觀念放下，轉為服務與將愛給予更多人，你天生的星盤能量將會有所改變。透過這本書的知識體系，能夠為你指出盲點。

我們所生活的這個世界，有著非常多的可能性，而《希臘神話占星塔羅》一書包含了我們所歸納整理出的二十二個可能性，這也是許多人生命裡的故事。

寶靈

2014.02.27　於日本大阪

序
02

在希臘神話的導引中，
重返自己的神性

　　來自史詩的故事，訴說著一個個精采的神話故事。撰寫這本以神話與占星為主題的塔羅書時，我們面臨的是這麼多篇神話，該如何選擇出最精練的故事與分析方式，所以我們回到了塔羅與生命循環的數字──「22」在塔羅當中是一個生命之旅的數字，神話占星塔羅也就此展開……

　　希臘神話與羅馬神話的內容，以及整個故事格局與出現的情節都十分雷同，相異的部分，在於眾天神的名字不甚相同，訴說的主題角度也有層次上的差異。最古老的希臘神話從眾多史詩中發展而出，最令人著迷的是這些偉大的天神們，互相較勁著，比較誰更威風、更美麗，就像你我一樣都經歷了爭風吃醋、渴望成功與成為別人眼裡的經典等過程。他們天生擁有的魔力與神蹟，也就是他們的「神性」，神性指的是你的天賦、神聖性與善良；更有趣的是這些神話故事投射了許多「人性」，人性是我們生命當中經歷酸甜苦辣的各種反應，當我們沮喪了、懷疑自己、忌妒別人時，便是我們與其他人相處而撞出的火花。羅馬神話則延續著希臘神話的背景，寫出一段又一段人間英雄的故事。

希臘神話的迷人之處在於，它是一篇篇人性的反省抒情文，充滿多少悔恨的故事，這些偉大的天神投射出眾多形象，伴隨我們走過懷疑自己的階段，你會開始認清楚自己可以返回每位天神最棒的一面，返回自己的神性。

這是一本以塔羅系統為架構，延伸了希臘神話、占星學、數字學的故事書與占卜書，也是一本豐富而深入的資料書。

書中你會了解每一張塔羅牌對應到的獨一無二的天神，或是諸位天神相遇的狀況。大阿爾卡納的二十二位天神是認識諸神之基礎，小阿爾卡納的四十張數字牌則可發揮你的創意，想像天神們相遇時可能的情景，動筆寫下你的感想與想像；你可以在抽出牌的當下發揮你的創意，掌握其蘊藏的天神能量，藉由故事引導你的直覺。小阿爾卡納的十六張宮廷牌組是獨立於其他牌的花絮篇章，道出當其他天神們忙於出頭時，同時間平行發生的事情，例如人類世界的木馬屠城記、奧德修斯探險、酒神戴奧尼索斯的故事，以及月神阿媞彌斯的愛情小品。這完整的七十八張塔羅系統結合神話故事、占星概念，能夠豐富讀者們想學塔羅的心，更能讓許多塔羅深度玩家看見塔羅的另一個世界，我們不斷印證著學無止盡。

值得一提的是，本書獨創的占星數字系統，這個系統不是傳統占星學，也不是傳統生命數字學，它是一個經過塔羅結合神話而展現的新體系！這個體系將占星概念融入數字的加減，你會發現藉由一個人的太陽數字，能幫助你超越最初的第一印象來了解對方，讓我們跳脫刻板印象，深入了解彼此。占星數字包括一系列

的太陽數字、月亮數字、水星數字、……、冥王星數字等共十三個方向,讓你盡情享受從各個不同方面,所交織出一個完整人生的系統,動動紙筆就能更加了解自己,也了解宇宙當下正給你什麼樣的好能量,占星數字的流年流運系統則可迅速地了解自己的生命,選擇成功方向。

　　希望能夠將這本書所有的精華傳送到你們的心,了解我們每天面對的生活充滿著意義,進而能夠不斷成長並掌握自己的天賦潛能與最佳狀態,讓我們透過神話了解自己與他人,還有這個世界正在運轉的靈性能量,每個人都一起謙卑地學習!

　　謝謝在我生命中支持我的每一個人,你們都是我珍惜的寶藏,謝謝我的家人、寶靈、學院中的每一位好朋友、星球團隊與金星團隊的每一個摯愛、學習道路上認識的所有超級好朋友,謝謝您們,對我以及對這本書的支持。

恩希

2014.02.26　寫於燈光明亮的寶靈魔法學院金星塔羅

前言

∞

本書使用方法有兩種，使用任何七十八張牌系統的塔羅皆可對應，抽牌後對照天神的故事，取其故事的精髓意義來解讀。若沒有塔羅牌，則可運用書中提供的「占星數字系統」，透過自己的占星數字與流年流月流日的算法，了解能量的走向。兩者交叉使用，就能得到更明確的答案。

占星數字系統

神話塔羅占星數字之釋疑

占星數字的本體，需要一個人的出生年、月、日、時、分等詳細資料。但在東方沒有出生證的制度，因此許多人只知道自己的時辰（例如子時、丑時），甚至有些讀者晚報戶口，因此連幾月幾日都難以確定。

關於時間出入問題，其實只需要確定正確的出生時間，不論只知道哪年出生或只知道年、月，或者年、月、日都知道，但不確定

時、分，將有疑問的部分，「直覺選擇」一個時間，就可以往後推算所有的占星數字。採用「直覺選擇」的話，建議第一次運算時就記住這個時間，終生使用這個時間作性格與流年的運算即可。

　　如果是明確知道自己的出生時間與報戶口的時間，那麼就以最常顯示的時間（通常是身分證上的時間）為主。

個人性格的算法

象徵意義

太陽數字：生命模式、原生家庭的境遇

月亮數字：你眼裡母親的樣子、你與母親相處的狀況

水星數字：學習能力、智力、聰慧

金星數字：所有與情感、人際關係有關的人格面

火星數字：缺點、劣根性的存在、耍脾氣的樣子

木星數字：生命適合發展的事業、如何茁壯、遠見

土星數字：習慣的安穩、不想改變卻必須改變的部分

天王星數字：自我中心的態度、是否尊崇自己原來的樣子、會不會
　　　　　　為了別人改變自己

海王星數字：天生的藝術氣息、掌管奉獻與服務

冥王星數字：掌管生命功課

上升數字：掌管在他人面前展現的樣子、氣質、外型

北交數字：優點、狀態好時的最佳表現

南交數字：缺點、負面情緒出現時的表現

運算方法

太陽數字：生日所有數字拆開加成總數

月亮數字：月＋日（不需逐數拆開）

水星數字：日（不需逐數拆開）

金星數字：太陽數字＋日（不需逐數拆開）

火星數字：太陽數字－日（不需逐數拆開）

木星數字：太陽數字＋月（不需逐數拆開）

土星數字：太陽數字－月（不需逐數拆開）

天王星數字：太陽數字＋時（不需逐數拆開）

海王星數字：太陽數字－時（不需逐數拆開）

冥王星數字：太陽數字＋年（不需逐數拆開）

上升數字：太陽數字－年（不需逐數拆開）

北交數字：太陽數字＋分（不需逐數拆開）

南交數字：太陽數字－分（不需逐數拆開）

☉ 太陽數字──生命循環的本命天神

將生日拆開，所有的數字相加，如果最後得到的數字大於22，則減去22，取得1～22之間的數字。

對應到你的本命天神，藉此對照你的生命歷程、 模式、成長歷程、性格養成等。

> 範例：1989.11.01出生，太陽數字是1+9+8+9+1+1+0+1=30，
> 30-22=8，對應到8.大力英雄赫拉克羅斯。

☽ 月亮數字——情緒反應與感受力

生月＋生日，如果最後得到的數字大於22，則減去22，取得1～22之間的數字。

對應到你的月亮天神，代表你的情緒發展模式、如何保有自己的安全感，是開朗還是封閉的，你的情緒都如何發洩，你會處理自己的情緒嗎？以及直覺的能力與感受力。

> 範例：1989.11.01出生，月亮數字是11+1=12（不是1+1+1=3），對應到12.海神波賽頓。

☿ 水星數字——學習與天賦的吸收傳遞

出生日，如果數字大於22，則減去22，取得1～22之間的數字。

對應到語言溝通能力、小聰明還是真智慧、會說話或者不擅長、用什麼樣的方式跟別人溝通，以及短期記憶與長期記憶。

> 範例：1989.11.01出生，水星數字就是1，對應到1.信神賀密斯。

♀ 金星數字——愛情與人際關係

太陽數字＋生日，如果最後得到的數字大於22，則減去22，取得1～22之間的數字。

對應談戀愛的本質，所有感情的課題與面向，包含喜歡如何戀愛、面對曖昧如何處理、喜歡怎麼樣的對象、如何吸引他們、魅力決勝點在哪裡、如何處理感情，以及在感情當中的優缺點。

> 範例：1989.11.01出生，太陽數字是8，8+1=9，金星數字對應到9.河精靈達芙妮。

♂火星數字──行動力與內在驅力

太陽數字－生日（數字減法運算不能前後調換），如果最後得到的數字是負數，則加上22，取得1～22之間的數字。

對應行動力、創造力、生命當中的火爆脾氣會在哪邊展開，以及你的劣根性、野性的力量，如果不在理智時是如何表現態度，也包含天賦的能力。

> 範例：1989.11.01出生，太陽數字是8，8-1=7，火星數字對應到7.家庭守護神赫斯提亞。

♃木星數字──生命格局與心靈發展

太陽數字＋出生月份，如果最後得到的數字大於22，則減去22，取得1～22之間的數字。

對應幸運的能量、適合發展事業的方向、會不會受到別人的影響，有沒有自己的主見。

> 範例：1989.11.01出生，太陽數字是8，8+11=19，對應到19.太陽神阿波羅。

♄土星數字──穩定與制約枷鎖

太陽數字－出生月份（數字減法運算不能前後調換），如果最後得到的數字是負數，則加上22，取得1～22之間的數字。

代表這個人能不能符合社會的規範，道德感強不強，會不會與別人好好相處，是孤立的還是團隊型的人。

> 範例：1989.11.01出生，太陽數字是8，8-11=-3，-3+22=19，對應到19.太陽神阿波羅。

♅天王星數字──創新改革與天生使命

太陽數字＋出生時間（24小時制），如果最後得到的數字大於22，則減去22，取得1～22之間的數字。

代表突發的創意、個人特色、如何肯定自己、整合自己的方法、靈魂的使命、要帶給這個世界什麼訊息。

> 範例：1989.11.01、22:46出生，太陽數字8，8+22=30，30-22=8，對應8.大力英雄赫拉克羅斯。

Ψ 海王星數字──藝術與愛、慈悲、脆弱

太陽數字－出生時間（24小時制），數字減法運算不能前後調換，如果最後得到的數字是負數，則加上22，取得1～22之間的數字。

代表連結集體意識的慈悲心，能不能體恤別人的心血，能不能連結到世界的苦難，是占星數字當中最具靈性的數字，如何讓自己用愛在這個世界上付出，他們的生命意義在哪裡。

> 範例：1989.11.01、22:46出生，太陽數字是8，8-22=-14，-14+22=8，對應8.大力英雄赫拉克羅斯。

♇ 冥王星數字──生命的最高境界

太陽數字＋出生年（先總和成一個數字，不必重複加至個位數），如果最後得到的數字大於22，則減去22，取得1～22之間的數字。

代表今生最大的業力挑戰，最需要學習的功課是什麼，是什麼阻礙這一生的前進，是什麼反覆循環的負面狀況，影響了靈性發展。也象徵前世沒有完成的功課，今生必須重新負責學習的一塊。

> 範例：1989.11.01出生，太陽數字是8，出生年1+9+8+9=27，8+27=35，35-22=13，對應13.太陽神之子費頓。

以此範例而言，代表這類型的人會看見每個人的優點，將每個生命當中的人都當成是支持自己的，不抗拒別人的忠告，放下小我，

放下渴望被認同、被需要的感覺,自己想要成為寵兒,但索求過度會消耗身旁的所有人,可藉「神性提升之路」的指引,讓我們跳脫命運。

神性提升之路:將出生年加至個位數,然後用這個數字去計算。

範例:1989.11.01出生,太陽數字是8,出生年1+9+8+9=27,2+7=9,8+9=17,對應17.西風之神澤菲羅斯。

Asc 上升數字──形象與生命最初的渴望

太陽數字-出生年,先總和成一個數字(數字減法運算不能前後調換),如果最後得到的數字是負數,則加上22,取得1〜22之間的數字。

代表自己最渴望的、也最經常表現出來的面向。最欣賞怎麼樣的人,於是會希望自己也能夠成為這樣的人。象徵在今生全新開始的個人期許,你覺得自己最好擁有什麼樣的特質。

範例:1989.11.01出生,太陽數字是8,1+9+8+9=27,8-27=-19,-19+22=3,對應3.美神愛弗羅黛蒂。

神性提升之路:將出生年加至個位數,然後用這個數字去計算。

> 範例：1989.11.01出生，太陽數字是8，出生年1+9+8+9=27，
> 2+7=9，8-9=-1，-1+22=21，對應21.克羅諾斯。

♌ 北交數字──生命的良善與美德

太陽數字＋出生分鐘，如果最後得到的數字大於22，則減去22，取得1～22之間的數字。

代表個性的正面，如果是雙胞胎，許多數字都會相同，北交數字則會掌管不一樣的正面個性。

> 範例：1989.11.01、22:46出生，太陽數字是8，8+46=54，
> 54-22-22=10，對應10.天神宙斯。

♎ 南交數字──個人獨有的特質與節制

太陽數字－出生分鐘（數字減法運算不能前後調換），如果最後得到的數字是負數，則加上22，取得1～22之間的數字。

代表個性的負面，個人能夠選擇放下的，如果沒有經過提醒可能忽略的小瑕疵。經過提醒能夠避免小瑕疵滾成大雪球。

> 範例：1989.11.01、22:46出生，太陽數字是8，8-46=-38，
> -38+22+22=6，對應6.愛神邱比特。

流年流運系統

以占星數字來說，每個數字都能夠對應流年（詳細算法如〈占星數字系統〉）。

流年加法：占星數字加上當年數字（加至個位數）
例如：如果是2013年，當年數字就是2+0+1+3=6。

流月加法：流年加上月的數字（不必加至個位數）
例如：如果是2月，就是流年+2；11月，就是流年+11（不是流年+2）。

流日加法：流月加上日的數字（日的數字不必加至個位數）
例如：如果是7日，就是算出流月的數字以後加7；23日，就是算出流月的數字以後加23（不是2+3=5）。

> **範例：**
> **計算流年**
> 太陽數字是8，在2013的流年是8+6=14。
> 流年對應到14.創造人類之神普羅米修斯（開創、維持、創造理想局面、領導照顧）
>
> **計算流月**
> 由於流年是14，若要算8月，流月就是14+8=22。
> 流月對應到22.天空之神烏拉諾斯（自由、伸展自己、揮灑天賦才華）

計算流日

由於流月是22，若是本月的1日，流日就是22+1=23。超出1～22的範圍則減去22，23-22=1。

流日對應到1.信神賀密斯（文字、交通、傳輸、網路、溝通處理、業務、公關）

＊每年的1/1開始，都是轉換能量的重要時機，每個月、每天的24:00，都會轉換能量。

太陽數字代表命運的走向，命運如何安排你等等。看每種流年運勢都可以參考太陽數字的流年。代表不改變自己，將會帶來的流年，願意改變自己的人，這個項目的影響力可能就會變小。上述的方法就是以太陽數字去計算流年。

用以下數字去計算流年，取代太陽數字，換上其他占星數字，這些代表個人內在的力量可以改變生命，也代表人定勝天，自己的決定更有力量，在流運影響上可以占據80%的影響力。

象徵意義

月亮數字：代表情緒、安全感、身材等變化。

水星數字：代表學習、文字、出版、媒體、學術、旅行、簽約、交易、洽談等相關運勢。

金星數字：代表感情相關的運勢、也與人際關係相處有關係。

火星數字：代表衝勁、行動力、減肥、運動。

木星數字：代表流年當中心境的改變、個人感受的部分、心靈提升、好能量的展現、事業發展、生命格局的轉變。

土星數字：代表穩定、當年流年課題的級任導師、當年要學習的部分、應該催促自己變成熟（如果是上班族可以參考這一個流年，對照受雇者的工作能量）。

天王星數字：代表流年可以嘗試努力的方向，會有新創舉。

海王星數字：代表流年對那些領域很感興趣、很有共鳴，藝術創作的方向。

冥王星數字：代表流年特定的學習課題、深層的改變、抗壓性、該天神的壓力與克服之後的成果。

上升數字：代表流年與人互動的模樣、形象如何、會被如何看待。

北交數字：代表流年會學習到的美德、提供你克服困難的力量。

南交數字：代表流年無意間會跑出來的壞習慣、必須留心注意的事項、可能出現的負面狀況、小提醒。

神話塔羅抽牌方式

選用任何78張的塔羅牌，將手上的牌攤開在桌上，順時鐘推開洗牌，直覺告訴你可以將牌收集、整理，便可在你面前攤開成為拱門狀。抽牌的方式可以分為兩種：

1. 單張牌的占卜方式：可以了解事件的核心與狀況

抽出一張牌，每一張牌都會對應到一篇故事或人物，將你的問題帶入故事，參照直覺與即興創作，就可以找到答案！

例(1)：想要占卜感情什麼時候會到來。抽出一張牌，「星星牌」對應「西風之神澤菲羅斯」。因此翻至西風之神，對應到17.（牌的編號）、水瓶座（占星對應），這兩個象徵，就可以直覺判定是每個月的十七號，或是十七天過後會有一個機會，或是水瓶座的時間。而可能出現戀情的場合，則與西風之神的對應相關，例如與科技、醫院、創意市集等有關係。

例(2)：想要占卜感情什麼時候會到來。抽出一張牌，「倒吊人」對應「海神波賽頓」。因此翻開海神的資料，對應到12（牌的編號）、海王星（占星對應），可以判定是每個月的十二號、十二個月過後或十二天過後，你當下的直覺會感覺得到哪一個答案讓你安心，就是那個答案。海王星守護雙魚座，因此也可以是對應雙魚座的時間，約是每年的2/21至3/20之間。

補充

太陽 守護獅子座 (7/21~8/20)

月亮 守護巨蟹座 (6/21~7/20)

水星 守護雙子座 (5/21~6/20)、處女座 (8/21~9/20)

金星 守護金牛座 (4/21~5/20)、天秤座 (9/21~10/20)

火星 守護牡羊座 (3/21~4/20)、天蠍座 (10/21~11/20)

木星 守護射手座 (11/21~12/20)、雙魚座 (2/21~3/20)

土星 守護摩羯座 (12/21~1/20)、水瓶座 (1/21~2/20)

天王星 守護水瓶座 (1/21~2/20)
海王星 守護雙魚座 (2/21~3/20)
冥王星 守護天蠍座 (10/21~11/20)

例(3)：想要占卜事業的發展、可能性、如何突破盲點。抽出一張
　　　牌，對應到權杖二，在神話與占星對應到火星與牡羊座。因
　　　此要詮釋出火神與戰神的特質來突破。

代表必須要運用勇氣（戰神），膽大之外還要心細（火神），紮實
地累積實力，必須花費努力直到成功，但是你會呈現出相當具有
爆發力（戰神），並且有價值的作品（火神）。如果想要對應時間，
就對應火星與牡羊座，兩者都對應到牡羊座時間，代表3/21至4/20
之間，會有突破、有成果。

例(4)：問自己的理財規畫該如何運作，且什麼時候開始能真的存
　　　下錢來。抽出寶劍之土（寶劍國王），對應到奧德修斯面對
　　　阿基里斯，象徵保存的價值，所以與儲蓄、儲蓄型保險等保
　　　守型投資有關，對應到的時間是水瓶座的時間。

補充
權杖元素
權杖之土（國王）獅子座
權杖之水（皇后）牡羊座

權杖之火（騎士） 射手座

權杖之風（侍衛） 牡羊座、獅子座、射手座

寶劍元素

寶劍之土（國王） 水瓶座

寶劍之水（皇后） 天秤座

寶劍之火（騎士） 雙子座

寶劍之風（侍衛） 雙子座、天秤座、水瓶座

錢幣元素

錢幣之土（國王） 金牛座

錢幣之水（皇后） 摩羯座

錢幣之火（騎士） 處女座

錢幣之風（侍衛） 金牛座、處女座、摩羯座

聖杯元素

聖杯之土（國王） 天蠍座

聖杯之水（皇后） 巨蟹座

聖杯之火（騎士） 雙魚座

聖杯之風（侍衛） 巨蟹座、天蠍座、雙魚座

2. 抽三張牌：了解事情的來龍去脈，是最常運用的方式

第一張牌代表過去、曾經做過的準備、以前的經驗、記憶當中的樣子。

第二張牌代表現在、當下可以做的改變、現在的想法。

第三張牌代表未來、可能發展的方向、適合的改變方法。

抽出牌以後，透過直覺、說故事的功力，說出一個符合你對應到神話人物，可能產生的故事。

3. 太陽與九大行星牌陣：針對一件事情做「心靈與內在動力」的分析

針對不知道自己的才能在哪裡、對於自己的能力困惑、想了解如何改進時可以運用。也可以用以探討個人能量的運用是否得當，是否需要調整。

共抽出十張牌，每張牌詮釋出不同領域的能量：

(1)太陽：代表自我意識、追求的成功是什麼方式

(2)月亮：代表情緒、潛意識、自我防衛的機制

(3)水星：代表學習、對於知識的理解、思考、智慧

(4)金星：代表與愛情、人際相關的能量、我們渴望別人對我們好的層面

(5)火星：代表行動、實際採取行為的機率、積極度

(6)木星：代表精神上能否連結他人、是否慷慨、大方助人

(7)土星：代表對自己的要求、外界對你的拘束、被拘束的特質

(8)天王星：代表個人最有爆發性、最獨特的一面、值得開發展現的特質

(9)海王星：代表如何將愛分享給別人、原諒或是受害、包容、擁有的美德

(10)冥王星：代表深層的價值、你的生命的使命、壓力如何調整、如何駕馭困難

每個星代表一個內在的驅力，而對應這個星抽到的天神，則代表你是如何發揮這一個內在驅力。

4. 十二星座十二宮牌陣：針對事件或個人能量的「務實層面」採取分析

針對想要詳細了解一人、事、物，選定主題以後，抽出十二張牌，每張牌都對應到一位天神（如果抽出數字牌則代表兩位以上的天神）的性格與能量。

共抽出十二張牌，每張牌詮釋出不同現實層面的分析：

(1)牡羊座第一宮：代表事情的全貌、本質、外貌、設定的目標

(2)金牛座第二宮：代表價值、金錢、財務關係、金融、個人能力與自信

(3)雙子座第三宮：代表兄弟姊妹、常相處的同事同儕關係、學習意願、成長的幅度

(4)巨蟹座第四宮：代表母親關係、家庭、房子、土地、安全感的獲得與給予

(5)獅子座第五宮：代表戀愛關係、休閒玩樂關係、愉快的生活、表現自己、自我實現

(6)處女座第六宮：代表工作環境、身體健康、醫療層面、上司部屬關係

(7)天秤座第七宮：代表婚姻伴侶關係、契約合作的部分、對手敵人的對立關係

(8)天蠍座第八宮：代表個人隱私內務、潛意識的擔憂、慾望與渴望、潛力

(9)射手座第九宮：代表高等教育、靈性的成長、心智訓練、成熟後
　　大格局的層面

(10)摩羯座第十宮：代表事業的野心、人生最大野心目標、最擅長
　　與最具權威的一面

(11)水瓶座第十一宮：代表人際關係、人脈的運用、社會的影響、朋
　　友圈的影響

(12)雙魚座第十二宮：代表潛意識的擔憂、心靈的整合、生命的成
　　長、沉溺或是提升

每一個位置所抽到的牌，對應天神代表那個層面，會以該天神的
性格與相關象徵意義有關。如果抽到數字牌則代表該領域有兩位
天神相融的性格。

大阿爾卡納──天神故事

∞

我們經過許多來自傳統塔羅的推敲，印證與衍伸出二十二位來自希臘神話的故事人物，在這個部分，你會開始了解二十二種生命的原型，從大阿爾卡納的天神人物故事當中，能夠對應到你的幸運顏色、對照家庭或婚姻關係，以及與你息息相關的占星意涵，詳細描述你的生命模式。

1
魔術師 The Magician：
信使之神──賀密斯（Hermes）

◎在希臘神話中作為：

信使，負責為宙斯傳遞訊息，能夠穿梭於天神界與冥府之間，是移動速度、心智改變相當迅速的天神。猶如占星學的水星為我們帶來活躍的學習氛圍，讓你永保好奇心。水星象徵藍色的冷靜與吸收狀態，讓你更擅長思考。

◎父母、配偶：

父親──宙斯，宙斯相當疼愛賀密斯，給予權位，獲得父親的
重視，賀密斯更懂承擔責任。

母親──麥雅，哺育女神，悉心照顧賀密斯，母親對賀密斯來
　　　說是相當重要的學習幫手。
配偶──在普遍的神話故事當中，賀密斯沒有正式的配偶。

◎代表聖物：
雙蛇杖──象徵溝通、信息、語言能夠療癒人心。
長翅膀的鞋子──象徵位移的速度。

◎象徵意義：
學無止盡，與學習、資訊、流動有關係的一切事務。例如交通、
商業行為、國際之間、轉換現況等事項。

☿ 水星
智力的發展：表達能力強、伶牙俐齒、擅長分析、即席反應迅速。
運輸業相關的所有交通方式：航空、行車、船運。
科技與資訊：網路資訊、手機與3C通訊產品。

♊ 雙子座
行銷能力：幕僚、財務人士、推銷、業務人才。
學習的途徑：短程旅行、兄弟姊妹的相處、同儕、共事的人。
心智的成長：溝通能力、表達與學習的能力、統籌與分析。

占星後天宮位第三宮
兄弟姊妹、同事、上司、手足人際、同儕關係、學習過程、思考
的能力、學習與心領神會。

身體部位

喉嚨、神經系統、肺部、四肢、呼吸器官系統、甲狀腺、口部周圍、聽覺、觸覺。

◎簡介：

賀密斯受到宙斯的重用，相當有長輩緣的他，運用自己矯健的身手，穿梭在人類與鬼神之間，精明聰慧的他個性樂觀，卻也喜歡有趣的事情，所以調皮、惡作劇層出不窮，但始終不會脫離他赤子之心的良知，不會釀成令人煩惱的災禍。

◎能量運行：

占星學對應水星能量。在神話流年當中，走到賀密斯代表與學習、語言、轉換、提升、旅遊、交通等有關係，「不變的真理就是萬物都在改變」，保持一顆活躍充滿好奇感的心，能夠讓你像賀密斯一樣快速成長。

希臘神話占星塔羅：
賀密斯、水星、魔術師的心智學習檔案

　　賀密斯是宙斯與一位仙女產下的私生子。宙斯是繼烏拉諾斯之後的天空之神，掌管奧林帕斯山的一切，也掌管天下萬物與人類，宙斯的妻子希拉是婚姻愛情之神，貴為天神的妻子，他對於婚姻愛情是深信不疑，必須純潔、忠誠、信任與高唱關係美好的願景。然而宙斯對感情的不忠貞、對性愛與慾望的抵抗力太弱，

導致不斷外遇，希拉卻沒有幾次能夠掌握證據。

賀密斯的存在是一個事實，也是希拉能夠掌握的確切證據，在婚姻遭遇背叛的當下，希拉充滿忌妒地想要弒死賀密斯，但賀密斯有純正的天神血統，在出生一小時內，就安然地讓自己藏身在無人能尋的山洞當中，並且沿路偷走了太陽神阿波羅的一群牛，聰明地鑽木取火、殺牛充飢，並且使用牛皮與內臟製成樂器，消磨逃難不能招搖的時光。後來又把所有牛群與另外再偷來的肥牛，製成熟食並分送給奧林帕斯山上的所有天神，在黃昏的時候再度爬回剛出生的搖籃。在這為期一天的「逃難之路」裡，賀密斯成功地躲過希拉的追殺，且消磨了時間、發現了火種、諂媚所有天神為自己預留後路，又裝傻般地露出天真無邪的樣子。賀密斯是古靈精怪、聰明智商的代表人。

直到有一天阿波羅占卜得知他那被偷走的牛群是被賀密斯所擄，一狀告到宙斯那裡，但宙斯聽完賀密斯為自己辯解「我創造了奧林帕斯山的奇蹟與和平」的論點，竟被打動了，還冊封賀密斯擠身於奧林帕斯十二主神的行列，擔任信使的工作，負責所有訊息的傳遞，同時掌管世界上的文字、溝通、交通、語言、測量、商業，並監督（有時候賀密斯會私心掩護）偷竊與欺騙，憑著智慧，賀密斯成功地全身而退又得到信任。

賀密斯是神話當中語言與欺騙的佼佼者，善用這股力量能夠得到生命當中所有的好機會，機會是從嘴巴說來的，「只要有心，沒有什麼是用嘴掰不彎的！」這是賀密斯的人生座右銘。這一個信使之神偷了同父異母的哥哥──阿波羅的羊，卻能夠全身而退，實屬自古以來第一詭辯大師，在現代來說，這位賀密斯可能會從

事仰賴嘴巴吃飯的職業。

但在神話當中，這位賀密斯總是亦正亦邪，有時候癡情得願意做牛做馬，有時候忠誠得願意為自己的父親宙斯跑遍天界、人間、冥界，但心情不愉快就會挑撥離間，讓眾神與人類不得安寧，他卻樂得拍手叫好。

「這樣的天賦異稟，不用在對人類有幫助的地方真的太可惜了。」宙斯心想。於是賀密斯接管了重要的文字、學習、溝通、商業、音樂，反應機制靈敏，活用自己的機智反應，許多事情還得仰賴這位聰明的搗蛋鬼推波助瀾，才能發揮功效。

愛情觀：「能夠讓我做我自己的話⋯⋯」

不是大外貌主義，就是要求你必須能夠讓他全身而退。除非你美、帥得令人窒息，讓賀密斯動了真心、五體投地的臣服於你，不然就得保持彈性、自由、好說話的空間。賀密斯對於自己語言溝通的能力有絕佳的把握（沒錯，即使你知道他在瞎掰胡扯也別當場拆穿他，那是他最自豪的自尊），代表著你對他要好說話，言聽計從，這可不是大男人或大女人主義，這是你在他眼裡是不是一個能夠以理性溝通的人，一旦你緊抓著他，不讓他去做他認為重要的事，那麼這段關係將會在不知不覺中被他放棄。

如果想要挽回賀密斯戀人，就得讓他知道你比他還要瀟灑、比他還需要自由，這讓他不自覺地聯想到，跟你在一起除了擁有一個歸屬感，還能夠擁有充分的獨立空間四處遊樂（別擔心他劈

腿，賀密斯需要的是大家對他的掌聲，不是拈花惹草的愛情）。最重要的是，放給他自由，你必須說到做到。

大罩門

千萬不要跟賀密斯說「你好笨」，你可以引經據典讓他知道某些事實跟他所想的不一樣，但指著他告訴他某些錯誤，會令他開始語塞。這是我們最不樂見的狀況。想像一個平常不斷吹著氣球的機器，突然出風口堵住了，那麼這台機器爆炸是早晚的事情。

讓他把想滔滔不絕的話塞在嘴裡，賀密斯的體內壓力會不斷增加，可是會不知不覺釋放出他的憤怒，當他決定不跟你說話，那麼代表你曾經在某些部分讓他覺得他學不好、做不好、說不好、寫不好。其實賀密斯的生氣都跟他小小心靈受傷有關係，他的活潑好動是為了讓人看到他的好，引人注目是想要得到更多掌聲，對他來說，他可不是為了被冷嘲熱諷，才賣力地演出，這跟他最初想要的太不同、太令他受傷了。

自我修復的力量

賀密斯只要透過閱讀，接觸文字訊息，就會心安不少。如果發現一個賀密斯正處在人生低潮時期，不妨丟一本書給他，或者拖著他去書店走走，他會開心許多。

有些賀密斯也喜歡運動，這是體力發洩的方式，適用於當他

生氣的時候。如果內心被別人嘲諷受傷了，還是讓他接下老本行
——文字吸收，像是讀書、跟事件以外的人聊天、閱讀休閒書籍
等，他會回復聰明靈活的腦袋，把不痛快的事拋得一乾二淨。這
麼說來，賀密斯也是神話人物當中，最容易忘記別人傷害過他的
人了，這樣的寶貝蛋請大家小心珍惜，別傷害他太深，如果覺得他
太聒噪，給他一本書就能讓他安靜下來，這一招可是屢試不爽！

神話與占星、塔羅深入探索

　　水星與魔術師有許多相似的特質，學習能力強，有精確的組
織架構、移動速度快、重視效率、傳遞溝通訊息的高手、有很棒的
學習、商業行為、心智思考的能力。水星的能量是中性的，代表溝
通能力、溝通場域、學習能力、吸收效果、通信能力、創意創造能
力。水星不只是語言的力量，也包含頭腦當中從無到有的創意過
程，水星能量強的人是發明家、哲學家、思考家，不只是具有文字
整理的效果，更有智慧的內涵。水星能量也代表流動與資訊轉移，
包含短程旅行、網際網路、交通、文字表達能力。水星的能量依據
使用者的良知與心態，會有截然不同的差別。

　　魔術師是一個積極成功的力量，善用自己的渾身解數，讓自
己在清晰的洞見當中獲得成功。賀密斯擁有聰明的腦袋，充滿著
機智，面對危機也不會影響他的靈敏反應，魔術師需要有人生智
慧，有自己的思維，並且堅持走在自己成功的思維上，執行創作、
發起一個新的案件、創造許多新的可能性。魔術師依賴創造來維
持自己的好能量，越積極想要創造新鮮的事物、新作品、新的可能
性，就越有更多源源不絕的力量。

魔術師沒有個性，就容易失去生命的方向，在沒有主軸的概念當中努力，變成附屬於團隊的小棋子，失去魔術師的意義。魔術師是領導能量，想要承擔一件事情成功的責任，所以會費盡心思去經營眼前的事情。負面的魔術師會帶來負面思考或過於依賴小聰明過生活，把自己的天賦才華放在沒有意義的玩樂上面，有創意卻沒辦法化成讓自己有成就感的價值。魔術師都需要對自己有安全感，如果沒有創造出自己的天地，就會容易恐懼，因為不安而表現出脆弱，也有可能表現對每件事情都不在乎，來防衛自己的自尊，真實魔術師的自尊是想要為一件事情努力，傳遞自己的天賦，利用天賦來成功，得到宇宙給予支持的力量，不斷地創作。

2
女祭司The High Priestess：
天后——希拉（Hera）

◎在希臘神話中作為：

婚姻神，掌管與婚姻、家庭教育、家庭溝通或是住房等相關的事情，也掌管孩子的出生。希拉象徵月亮與我們的內心感知，月亮散發銀色的光暈，讓我們感受到一股神祕感，卻又很熟悉，那是我們內心想要的女性的樣子，也許你想扮演這樣的

女性角色，也許你渴望追求這樣的女性角色。

◎父母、配偶：

父親——克羅諾斯，克羅諾斯吞食自己的孩子，代表希拉與自
　　　　己的父親容易產生權力地位的爭奪戰。

母親——瑞亞，是克羅諾斯正式的妻子，對於女兒被吞食無
　　　　能為力，希拉容易覺得自己的母親對自己保護不周，
　　　　而對親子之間的關係缺乏信任感。

配偶——宙斯，與伴侶關係容易卡在強硬的溝通，以及互不
　　　　相讓，懂得各退一步傾訴真心話，才能守護珍貴的
　　　　關係。

◎代表聖物：

孔雀——代表尊貴與權力，也代表領導能力。

金飾——代表得到尊敬、地位重要。

◎象徵意義：

女性的力量覺醒、是一個值得被尊敬的人。用愛與關懷作為領
導方式，能夠以毅力、誠心溝通而成功。

☽ 月亮

與女性能量連結、母親、前世的擔憂、對現世不敢承擔、認為
自己軟弱、前世帶給你力量、前世激發你的成功、讓你自我深
層學習。

食物的能量：甜食、麵食、烹飪能力、油水生意、與吃的食物

相關的事物。

情緒的層面：情緒化、敏感、我們真心刻骨銘心的需要、你真
實的渴望。

心靈的層面：在乎安全感、你的安全感由來、如何得到安定。
與家有關的一切：房地產、餐廳、家事、你跟媽媽
的關係。

身體部位

胃部、消化系統、賀爾蒙、內分泌、淋巴系統、月經、女性生殖
器官、胸口。

◎簡介：

希拉是宙斯的正式妻子，相當愛宙斯，卻因為兩人之間的愛缺
乏溝通而經常分離，希拉後來學會坦白自己的心意，而得到宙
斯更多信任，進而促成自己的婚姻能夠圓滿，享有守護婚姻與
溝通之道的美名。

◎能量運行：

占星學對應月亮能量。神話流年當中，走到希拉代表你會擁有
與婚姻、家庭、小孩相關的議題，同時你的承擔能力增強，會
因為想要付出更多而變得更堅強，情緒容易受到外界影響，但
是毅力相當強悍。

希臘神話占星塔羅：
希拉、月亮、女祭司的內心世界

克羅諾斯弒父（烏拉諾斯）之後，被推崇至泰坦一族的領袖，自然得到了最高的地位，泰坦族的十二位天神當時正忙著整合分配大權，讓天下歸於平靜，並使天神力量能夠影響全世界。希拉是克羅諾斯的女兒，一出生就因為克羅諾斯擔心子嗣叛變，而狠心地吞掉他，但在宙斯對克羅諾斯的革命之後，救出了希拉與其他兄弟姊妹，希拉遂與宙斯結為夫妻，共創更新的奧林帕斯眾神，取代泰坦族的十二位天神。希拉在新奧林帕斯眾神當中，是地位僅稍低於宙斯的天后，掌管婚姻與家庭，重視女性的生命義務，包含各種重視與尊重家庭倫理的觀念，但也掌管忠誠。

希拉與宙斯的婚姻之路相當崎嶇，貴為天神且容貌姣好的宙斯，由裡到外充滿自信，經常向外尋找女子或男子外遇，希拉從原本睜一隻眼閉一隻眼，逐漸無法忍受，開始試著阻止並燃起嫉妒之心。後世對希拉的性格描述，都不脫離善妒、掌控慾望、自負自卑。希拉的善妒有許多例子，當有名無實的丈夫宙斯不斷外遇，他逐漸燃起報復心態，於是聯合了海神波賽頓、太陽神阿波羅、智慧戰神雅典娜密謀推翻宙斯政權，但因為內訌而告終，遭到宙斯強烈地譴責與懲罰；最終宙斯選擇寬恕希拉，並正式宣告希拉為奧林帕斯山上唯一的宙斯合法妻子，對希拉做出承諾，才讓所有天神對宙斯無比敬佩。希拉曾經與愛弗羅黛蒂、雅典娜爭論誰是最美的女神，當愛弗羅黛蒂脫穎而出以後，希拉因憤恨不平而引發了特洛伊戰爭也是一例，表現出希拉善妒、自負又自卑的特質。

有如八點檔鄉土連續劇的當家女主人，霸氣橫秋，精明能

幹，擁有絕對的預知能力，堪稱感情、婚姻、小孩領域的萬能雷達。其實希拉還有更多層面的魅力，例如他永遠不能放棄的象徵物──孔雀，在神話當中，孔雀是希拉專屬的寵物與象徵，代表華貴、高等、美麗籠罩著萬物的母后特質，畢竟這位嗆辣的良家婦女是神話當中最大咖的天神宙斯之妻子，當然有名正言順美麗的特權，這不代表他自戀，而是他清楚什麼最能夠綁住男人。

宙斯花名在外，是許多對神話稍有了解的人都知道，希拉身為掌管婚姻、家庭、子女等領域的女神，卻無法管控自己丈夫的故事，並不會流傳到現今對應到希拉女神的人們，請放心。這些故事只是反映出對於希拉類型的人而言，愛情呀，遠比其他人所認為的重要事物還要重要許多。最重要的就是相依相偎，其次才是所謂的金銀財寶、事業人際風調雨順。

希拉是一個懂得善用所有能力來維護自己能力的人，在神話當中對他的描述是善妒、心狠（感興趣的人不妨去查查希拉對宙斯的外遇對象及其私生子的所作所為），在現代來說，能夠如此坦率地表達自己的佔有欲，其實是對愛情相當真誠的人，只是控制對方的方式笨拙了點，少了欲擒故縱，有時候想給對方自由又不小心空間大開，而讓對方真的跑掉了，沒辦法透過自己的智力去理解適當的愛情距離，經常讓希拉傷透腦筋啊。

愛情觀：「給我所有我應得的!!哇哈哈哈！」

感情必須忠貞、壯烈。是的，這位金光閃閃的大嬸（他的年紀比丈夫宙斯還要大，是早期經典的姊弟戀）面對感情是十分保

守的，也相信誕下一子能夠鞏固其地位的說法。在感情當中需要對方誠實並且重度的承諾，對於對方給承諾容易上癮，想要吸引他的注意，就讓希拉不斷地聽到你願意給他承諾，成功機率會飆升至80%以上。不過由於傳統的個性，他還是會偶爾假裝保守、猶豫，但如果你發現他表情並沒有顯得排斥，那麼成功機率依然很高。相對的，如果對愛情的承諾沒辦法實現90%以上，那麼大老婆的反擊也會令人恐懼，不是簡單就能安撫，誰教您要傷害一個願意一輩子輔助你、支持你成功的天真人呢？

咦？如果說忠貞就能理解，那麼壯烈是什麼呢？壯烈是他需要所有他應得的排場，只要讓希拉感受到愛情能夠為他準備一個排場，就能打動他。試試看，不管是燭光晚餐、萬人求婚、眾人鼓動等，都能夠很有效果。

大罩門

千萬不要欺騙他，他認為所有事情都必須經過他的檢閱才能過關，如果經過他的視線卻蒙混過關，是挑戰他對於每個人都無私奉獻關心的那份付出，對他來說太踐踏了，這等同背叛，明白了吧！希拉是不能接受任何背叛的舉動，所以以希拉為中心，周圍三層關係內的親戚朋友們，請對他禮貌性的表達忠心耿耿，這是跟他相處的聰明策略，能夠讓希拉視你為己出，他會默默為你策畫出絕妙的良計，只要你永遠記得他、珍惜他為你做的一切。

所以常常告訴他你認為他好在哪裡，是維持關係的好方式，希拉某部分愛慕虛榮的感覺，會讓所有稱讚他的話聽起來很有安全

感，既然安全感是你提供給他的，那麼你就是跟他關係良好的人。

自我修復的力量

希拉是神話當中嚴肅理智與浪漫感性的唯一結合體，在希臘天神法力無邊、不論男女都身材姣好的情況下，不是像雅典娜這般思考力強，就是像愛弗羅黛蒂般活在一片美好的感覺裡，希拉比這兩位同儕姊妹還要複雜多了。這代表要回復他的力量，必須建立在雙管齊下的方法上，心靈勵志的書籍是一個好辦法。

如果發現他讀了許多相關書籍，氣質與對感情的感受還是無奈、害怕傷害，那麼直接給他一段新的感情是很好的，讓他重新接觸人群、重新透過自己的力量勇敢地站出去選擇談戀愛。

這麼說，不管是事業重挫、財務吃緊或感情受傷，解決辦法就是重新談一場戀愛嗎？

是的。不過如果本來希拉就有伴侶，那麼優良之計應該是讓他跟原本的伴侶之間，有共同旅遊、擦出新的美好火花的機會，重新燃起愛火，找出新鮮感，都能夠幫助希拉對生命有新的體悟，其實這位演連續劇般的天神，內心是很可愛、很需要被哄的。

神話與占星、塔羅深入探索

月亮對應希拉、女祭司。月亮是溫柔的力量，在生命當中，代表感性的層面，情緒如何表達、如何處理自己的情緒、如何善用自

己感性的力量。希拉是女性在情感當中所有情緒的複合體，對丈夫的容忍與不願意容忍，是為愛情付出的證據。對應於各種關係，都能看到月亮的能量影響。月亮代表潛意識的活動，代表直覺與感受能力，所有的直覺都是來自於敏銳想要保護自己的感受能力，所以很敏感容易受傷，受傷會想要為了保護自己，而攻擊讓自己受傷的來源，於是表現出忌妒、復仇的表現。

希拉在情感上展現他希望支配，卻受限於自己並非宙斯也不是男性，而不願意創造衝突與挽救的形象。希拉也具有報復心態，往往矛頭都指向宙斯外遇的對象與私生子，這也代表月亮相對於太陽的坦蕩浩大，月亮的特質更顯得在內心糾結、檯面下的運作，以及更多內心交戰的狀況。月亮代表母性，天后希拉代表傳統對婦女的要求，女性的力量代表溫柔與滋養，在被宙斯一再外遇激怒以前，希拉對於女性的自覺、能夠付出的能力，也相當堅持。

女祭司在塔羅當中是沉默的一張牌，有許多的祕密放在簾幕後面，不會坦承後面的真相是什麼，但是會給人許多的耐心，想要聆聽受傷靈魂的遭遇。女祭司想要療癒別人，也想要讓自己得到療癒，女祭司是成長當中的神職人員，相較於理性的教皇，女祭司有更多的感性，精神關注在道德上，對別人會要求道德，但有許多不為人知的祕密，於是自己的內心開始產生矛盾，渴求變得單純卻眼見自己漸漸變得複雜。女祭司是還在成長的一張牌，還在沉默代表正在學習人性，有許多可能性，接受正確的對待，能夠讓女祭司打開心房，用正面的想法與大方的態度迎接生命的快樂，負面的女祭司會在簾幕後方有許多動作，會設法不讓別人看到，在

良知上變得跟自己過意不去，容易卡在自己良知的那一關。

　　女祭司與希拉都容易在內心交戰，對希拉來說，身為婚姻之神卻無法管理婚姻，是相當大的矛盾，女祭司容易有內外難以平衡的狀況。希拉重視道德，卻因為仇恨道德而讓自己違背道德，也是女祭司容易出現過多的教條，導致自己嚴以待人，當想要更要求自己的時候，會被自己的許多限制侷限發展，因為情緒化而喪失了自由發展的力量。要注意回到自己的能力，選擇不斷溝通以及真切表達自己的需求，女祭司與希拉選擇不與嫉妒、負面自私的能量為伍，就能回到真心付出的能量，繼續學習愛的美德。

3
皇后The Empress：
愛與美之神──愛弗羅黛蒂（Aphrodite）

◎在希臘神話中作為：

美神，掌管所有與美、魅力、外表、色彩的運用。在更早期的神話當中他也象徵是豐收女神，帶給大地滋養，為所有生靈提

供照顧。就像是金星一樣，淡金色、淡粉紅色，都讓我們想到高品質的美相關事物，是一種愉悅享受的氣氛。

◎父母、配偶：

父親──烏拉諾斯，對愛弗羅黛蒂而言，父親容易激動過度，自己則習慣在內心將距離拉遠，默默觀察一切。

母親──在所有版本的神話當中，愛弗羅黛蒂都是沒有母親的，代表愛弗羅黛蒂與母親之間較少課題，相處和睦，也因為缺乏火花而容易疏離。

配偶──正式丈夫是賀菲斯托斯，但愛弗羅黛蒂心繫另有其人，與戰神往來密切，最後遇到了真愛，而放棄了遊戲人間的態度，學會潔身自愛。

◎代表聖物：

金髮──代表自信，散發出肯定自己的氣質。

蘋果──與特洛伊戰爭相關，是來自於別人的肯定，在愛情當中擁有吸引力。

◎象徵意義：

搶眼的魅力，群眾的焦點，擁有號召力，帶給人愉悅、崇拜的感覺。心靈上的吸引力法則，真心相信的事情會成真。

♀ 金星

愛情、友情、人際關係、同性之愛、無私奉獻的愛、美麗、年輕與熱情。

關於美的一切：美髮、美甲師、彩妝與美容、廣告包裝、珠寶
　　　　　　業、設計、服飾。
與人為善：公關能力、協調能力、享受、戀愛表現的樣子、你
　　　　　談戀愛的特質、你給的愛。
散發愛的能量：放鬆、快樂、戀愛的方式、談戀愛展現的特
　　　　　　　質、渴求什麼樣的戀愛。
令人感到美好的事情：象徵愛情、錢財的運用得當、放鬆玩
　　　　　　　　　　樂、快樂的感覺、社交、愉快的創造力、
　　　　　　　　　　不致匱乏的生活。

身體部位
腎臟、水腫、排泄系統、靜脈、女性生殖系統、喉嚨、下巴、味
覺、靜脈、淋巴系統。

◎簡介：
他奇蹟似地從海洋上誕生，站在貝殼上，並受到祝福而逐漸
漂流到陸地，著陸時就備受愛戴，他的光芒讓人情不自禁地
無限欣賞，也成為女神當中最廣為人知者，所以他也象徵知
名度、吸引人注目的耀眼、自信的光芒。

◎能量運行：
占星學對應金星能量。神話流年當中，走到愛弗羅黛蒂代表你
即將打開你的人際關係，許多大好機會就在其中，不論是事業
發展、工作順利、感情、友誼等，都能夠自然地表現你最自然、

最好的一面，你會領悟到勇於做自己、表現優點，就是增強自己，能夠擁有無盡的力量。

希臘神話占星塔羅：
愛弗羅黛蒂、金星、皇后的愛與美

愛弗羅黛蒂較廣為人知的名稱是他在羅馬神話當中對應的女神——維納斯（Venus）。愛弗羅黛蒂是克羅諾斯揮斬烏諾拉斯男性生殖器時，揮灑出的愛的精氣化成泡沫浮出的女神，這個女神以絕美的面貌、完美優雅的姿勢誕生，得到西風之神澤菲羅斯的祝福，吹送到一個美麗的島嶼，完美著陸。愛弗羅黛蒂充滿個人的魅力，展現溫柔、貌美、充滿光芒的美麗，湛藍的雙眼、金絲帶銀的頭髮、令人動容的微笑，一下就傾倒眾神，讓所有眾神為之著迷。愛弗羅黛蒂深知自己的美好，充滿自信驕傲地展現他天生的美好特質，成為新奧林帕斯山十二主神的愛與美之女神。愛弗羅黛蒂依據他的美貌而活，對自己的美貌擁有無比的自信，擅長魅惑他人。愛弗羅黛蒂所掌管的職位有許多說法、不同的演變。據說從前的愛弗羅黛蒂是生育女神，掌管生殖與豐產，守護生物的繁衍與大地的物產豐饒。

因為對自然的崇拜，愛弗羅黛蒂也逐漸增加了性愛魅力的形象，遂被認為是姣好面貌的愛與美的女神，除了原先的生育女神，更添加了性欲、慾望、享受生命的形象。愛弗羅黛蒂有許多不同的面貌，傳說相當照顧大地上的生命，願意奉獻關懷與照料生命，

但也有傳說他好財貪色，與雄壯英武的男戰神艾瑞斯有數不盡的外遇，甚至產下了一名私生子——艾洛斯（羅馬神話稱呼為艾洛斯）。愛弗羅黛蒂的美曾經招來許多的福禍，然而禍總比福來得更有影響力，他的自戀曾經傷害了許多人，而他的自信也讓希拉與雅典娜引發了特洛伊戰爭。只要談論到愛與美的生命享受，就會想到愛弗羅黛蒂，其愛與美的形象，是許多少女羨慕、所有男子傾慕的對象。

這位神話世界最美麗的歐巴桑，愛弗羅黛蒂，代表愛與美，他不是含情脈脈的古典美女，而是散發各色光芒令人目不暇給的自信。愛弗羅黛蒂天生擁有絕佳的自信，不容別人輕忽的美麗，不管男女，對應到愛弗羅黛蒂都代表著一個散發強烈自信、讓別人接受度高、年齡有視覺上的差異、在某個領域有強烈的自信與稱王的目標。愛弗羅黛蒂在神話當中跨越了三代，可以算是宙斯的姑婆輩，但他凍齡的能力，就連第三代的稚嫩天神們都心跳不已，誇張的尺度也是讓人對他稱奇的地方，愛弗羅黛蒂與許多男天神交往約會，走到哪裡都有派對，真是一個喜歡熱鬧的人物，絕佳的好人緣，如果想要增加人際與桃花運，走一趟愛弗羅黛蒂的神廟感染一下那股強烈四射的自信吧！

愛弗羅黛蒂掌管愛與美，包含任何的情愛、人際之間的愛慕、欣賞，以及天底下所有映入眼簾顯得美麗的事物，都與愛弗羅黛蒂的一顰一笑互相牽引著。換言之，愛弗羅黛蒂人格的人都擁有改變氣氛的力量，如果愛弗羅黛蒂是快樂的，所到之處都散發著幸福的橘金色光芒，假如進入了低潮期，那麼愛弗羅黛蒂周圍的空氣就會降溫許多，缺乏生氣。他們是帶領環境氣氛的高手，越

多的強烈自信，就擁有越多掌握氣氛的能力，憑藉這樣的能力，愛弗羅黛蒂很能夠勝任業務性質、演藝事業、公關事業、與人親近的工作等，能夠自然地成為該領域的佼佼者，同時追求者也是滿地易尋。

愛弗羅黛蒂的法力高強，連宙斯都未必能夠壓制他，這使得愛弗羅黛蒂的許多忌妒與仇恨的故事，都在他法力無邊的力量下顯得非常有創意，遠端監聽系統、惡意詛咒系統、變美變醜隨意變（把他忌妒的人變成各種動植物或是家具），甚至是愛情的魔法，令全天下的男人女人都為他瘋狂，愛弗羅黛蒂不以此當作惡作劇，他認為情緒必須有一個出發點，自己這麼尊貴當然不能憋傷自己，只好對別人開刀。愛弗羅黛蒂擁有許多天賦，唯獨少了深深自省的心，唯有真心愛他的人才會願意告訴他，可能會帶來打擊，但卻伴隨著真實與踏實的忠言，而愛弗羅黛蒂生命最終的幸福也是願意與真心支持的人相伴，不斷培養自己的眼光，直到看對了人。

愛情觀

隨著感情伴隨而來的一切優點是最珍貴的，性的緊密連結、擁有一個內心穩固的依靠，以及選擇的對方對自己會有多麼好，愛弗羅黛蒂盤算著一切，但他也準備將所有自己能夠為對方帶來的優點全數奉上，讓自己可以上得了廳堂、入得了廚房，為了感情會突然願意做傻事，前提是對方足夠優秀帶來他最看重的優點。

每一個愛弗羅黛蒂都有一個特別偏好的興趣，這類的興趣讓

他的生命有目標與方向，只要抓到這一項興趣，給愛弗羅黛蒂足夠的養分，愛弗羅黛蒂也有可能被馴服的，而他完美的自信力量，還能夠增加你的人際關係，為你帶來特別的效益。如果豪門之間聯姻有像是愛弗羅黛蒂一樣的人物，就是標準的幫夫幫妻運，換個角度來看，其實這能夠讓關係促進彼此的生產，愛弗羅黛蒂所在的感情，能夠為對方帶來許多嶄新的機會，就看你能不能把握住了。

但不能無聊，愛弗羅黛蒂不能接受數十年如一日，必須盡可能有新鮮感，這位眾神的姑婆或曾姑婆，仰賴新鮮感當作養分，沒有接觸新玩意、讓自己刷新能量就容易對生活沒有感覺，所以追求他的方式要很新穎、特別，除了讓他覺得你是很特別的人以外，約會地點、說的話、吃的東西、兩人共有的回憶，都要別具巧思；誇張特別無所謂，別人吃燭光晚餐你可以約他去吃臭豆腐或喝木瓜牛奶，讓他知道你與其他猛獻殷勤的老套方式不一樣，勝出機率就很高。打扮自己或展現自己個性觀點跟別人截然不同也是好方法，一定要新奇有趣夠吸睛，記憶點高又能保持帥或美，就容易追求成功。

大罩門

千萬不可以拿別人跟他做比較，不管是職場、能力、財力、外貌、感情，或是任何可以跟別人比較的地方。愛弗羅黛蒂表面上跟你說：「好的我會改進」，實際上內心已經在怒罵你沒有等著他

摸索再表現，他會認為立即宣判他能力不佳是你不夠厚道，既然如此他也可以用小人的行為對待你，愛弗羅黛蒂的說故事能力很強，代表他可以把你在黑白之間翻轉，賞賜你天堂或地獄，用流言蜚語的能力讓其他相關人等看低你，別大意，這可是截斷社交圈的陷阱。

愛弗羅黛蒂本身也是謠言緋聞製造機，別人說什麼，愛弗羅黛蒂都會百萬分的介意，這實在太受傷了，受傷到必須讓自己情緒低潮、揮灑金錢、沉迷在感情或性愛當中，才能夠心理平衡，這實在不是好方法。所有的愛弗羅黛蒂都會反覆經歷自己被別人說長道短，但是不能反擊的窘況，而踩中這個大地雷會讓愛弗羅黛蒂對一個地方完全死心，而在死心以前的死纏爛打、互相利用就顯得很公平，也算是愛弗羅黛蒂給自己心安理得的補償。

自我修復的力量

愛弗羅黛蒂必須郊遊到處走走，一方面可能有豔遇，其次是能夠洗滌心靈的紛擾，讓自己沉澱再沉澱，哪怕只要有一點點反省，愛弗羅黛蒂就會看見原來自己對別人也不是很好，解決辦法就簡單了。

也可能透過自己醉心的嗜好興趣，好好沉迷其中，不出三小時力量就全數回來，比如說音樂、電影、跳舞、唱歌，愛弗羅黛蒂絲毫不缺回復力量的方法，有的時候是心裡面不想原諒別人，就會裝得很受傷，其實自己隨時都可以好起來，那些背後偷偷捅他

的小人們，想要對愛弗羅黛蒂造成永久傷害，是幾乎不可能的，與愛弗羅黛蒂相處的最好方法，就是互相取得合作的好處，讓彼此都有收穫吧！

神話與占星、塔羅深入探索

金星對應到愛弗羅黛蒂，是眾所皆知希臘代表愛與美的女神，也掌管性慾與性的美好。愛弗羅黛蒂從出生就在一幅優雅與隆重兼具的畫中誕生了，從貝殼誕生、眾神為他的美驚嘆，他已經準備好向這個世界展示他的美麗。愛弗羅黛蒂的生命充滿著性的放縱與享受的放縱，也有些小故事說明了愛弗羅黛蒂在乎人類的愛情反應，也曾指派自己的兒子邱比特到人間促成許多關係。愛弗羅黛蒂掌管愛與美，任何情感關係、或為了情感關係而展現出來自己最棒的那一面，都是金星的能量範圍。金星代表一個人的良善面與優雅面，在一片徐徐的金光照射之下，一個人通常會展現自己最佳的那一面，有時候是優雅的、有時候是善良而不會多加掩飾的。

金星也代表物質享受與慾望，掌管金錢運與容易貪婪的部分，金星本身是很棒的行星，要善用這個能量，就能有很棒的金錢能量，也能讓自己心想事成，想要的物質世界與慾望，都能在自然而然的情況下成真。愛弗羅黛蒂代表最優雅的享受，也代表最放縱的貪婪與喜愛，該如何平衡這樣的能量，要先指出金星所在的星座與宮位代表什麼意義，並且從當中尋找一個良善的配套措施，留下金星帶來的好能量；在誘惑方面則可以選擇以良善面作

為出發點，決定是否要依照原始的慾望進行，或者能調整到高頻率的狀態之下，也把自己的好能量分享出去。金星的能量也代表分享與高我幸福良善的連結，可以透過信念調整與從低頻調整到高頻，而轉變氣質，把負面能量轉為正面。

女皇牌代表多產富足，也代表對性的開敞，願意享受生命，享受在實際努力的生活當中，自己創造自己的財富。女皇牌的努力是憑藉自己的天賦而變得踏實，可以從事藝術相關的工作，有藝術氣息，或者與美感、表演有關。女皇與愛弗羅黛蒂一樣享有高品質的生活，是自己允許自己享受生命，讓自己樂在其中。

負面的女皇容易變得擔心自己的安危，會與別人比較利益，在比較的過程中，像是愛弗羅黛蒂爭奪誰是最美的天神，引發了即使自己不在意卻是事實的戰爭。負面的女皇也容易有比較心態與偷閒發懶的傾向，憑藉自己的天賦，尸位素餐，連自己都不踏實，就會引發自己改變自己的外貌，從心裡否定自己也有與愛弗羅黛蒂相同的特質。女皇的力量來自於珍惜自己生命天賦的發揮，善用自己對於美感藝術的能力，有許多的天賦值得變得更優秀，透過勤勞與踏實，讓自己更加成功。

4
皇帝The Emperor：
戰神──艾瑞斯（Aries）

◎**在希臘神話中作為：**

戰神。掌管戰爭，也可以象徵展現野心、積極度、狂熱、外顯的鬥志，是一個力量集中發揮的天神。像是戰神的活動力，對應牡羊座鮮紅與鐵鏽紅色相間的色彩，象徵戰鬥、力量，以及戰爭之後的血漬，是你光榮迎接戰鬥的勇氣。

◎**父母、配偶：**

父親──宙斯，艾瑞斯與宙斯之間有明顯的鬥爭情節，對艾瑞斯來說，父親是一個典範跟標準，激勵他要超越，但他無心搶奪權力，只是想要受到重用。

母親──希拉，艾瑞斯與母親之間的關係稍淺，希拉更著重在照顧另外一位兒子，因此養成艾瑞斯凡事靠自己的個性，不會第一時間想到母親。

配偶──在希臘神話故事當中，艾瑞斯沒有正式配偶，但經常與愛弗羅黛蒂往來，即使沒有得到名分也愛得徹底，在感情當中願意犧牲自己。

◎代表聖物：

頭盔與盾——代表隨時備戰，隨時都可以上場，也是個衝動派的人。

血液與肌肉——代表驅動他行動力的根源，不斷成長以促成更強悍的力量。

◎象徵意義：

代表對某件事的狂熱，義無反顧的投入，直腸子，熱血。容易過度激情而失去理智，需要學習自制力，懂得學習教訓，從錯誤中成長。

♈ 牡羊座

戰鬥：作戰、戰爭、攻擊能量、挑戰性。

原始的性驅力：喜歡打獵、性能量強烈、鬥志不服輸、征服慾望。

占星後天宮位第一宮

你最真實的本質、你外表與展現的樣子、行事態度、個人風格、能力與狀況、主觀的思維。

身體部位

頭部、眼睛、鼻子、高血壓、紅血球、強壯的肌肉、男性外生殖器、血液、膀胱。

◎簡介：

艾瑞斯是一個驍勇戀戰的人，稱為戰神的他經常引發戰爭，並且喜歡與他人較量，但卻不是場場勝利。這樣衝動、崇武的他碰上戀愛對象，卻會漸漸把自己交給對方，為了得到對方的青睞而盡全力表現善意。

◎能量運行：

占星學對應牡羊座的能量。神話流年碰到艾瑞斯，代表著重於不斷建立，是一個好動、鎖定方向不斷嘗試與做工，累積建設的成果。有時候懂得回過頭思考自己的盲點，會讓這股能量更事半功倍，本身的積極熱忱加上智慧，能夠做得更好。

希臘神話占星塔羅：
艾瑞斯、牡羊座、皇帝的成功之路

艾瑞斯是希臘神話當中，新奧林帕斯山十二主神的男戰神。他充滿男性的強勢霸道，愛好戰爭、嗜血好鬥、喜歡製造對立與衝突，甚至連別人的戰爭都能滲入，只為求殺戮。艾瑞斯是崇武的古希臘時代最被尊敬的戰神，號稱戰無敗北，強壯的體格，戰鬥只為求勝利與血液，無須智慧也能稱霸奧林匹斯山。艾瑞斯除了戰鬥以外，全身散發男性賀爾蒙，容易被男性的慾望牽著走，與愛與美之女神愛弗羅黛蒂有相當長期的性外遇。

艾瑞斯做事不經思考，在許多故事當中（非艾瑞斯神廟所傳遞的故事），因為自己缺乏容忍與耐心，而導致自己失敗，或者衝

動行事為自己惹禍上身。艾瑞斯曾經在一次與兩個巨人的戰鬥當中，因缺乏智慧的判斷而敗北，被拘禁受盡屈辱，才被賀密斯機智地救出，這個事件以後，艾瑞斯的個性沒有太大的改變，本性難移的他，自從這個事件讓戰神露出了破綻，從此對賀密斯相當依賴，並且不得不承認曾經敗北的經驗。

　　破壞力強大、肌肉四肢發達可比阿諾史瓦辛格，好萊塢般男星的身手與勇氣，當然還有一些自我中心，好像鏡頭隨時跟拍他一樣的自戀，他就是奧林帕斯山的戰神艾瑞斯。艾瑞斯擁有剛毅堅強的意志力，決定往一個方向走以後，腦內再也不會有另外一個聲音，能協調地控制身心靈彼此合作，往目標前進。艾瑞斯雖然不是頂聰明的天神，但他的努力與持之以恆，傻瓜也能征戰沙場，在神話當中是戰無不勝的佳績。

　　艾瑞斯很適合在弱肉強食的世界裡生存，動腦太多的世界對他來說太複雜，要他聰明會令他憂鬱，還不如在自然曠野嘻嘻哈哈，或者是給他一份重複性很高的工作，可以讓他簡單區分工作與生活的差別。艾瑞斯知道自己不是絕頂聰明，也許是艾瑞斯還稍有自知之明，因此成為十二主神之一的原因，純真相信人性、好配合，讓眾神捨不得離他而去，反而藉此擁有一定程度的友好人際關係，能夠留住真心與他相處的人，對艾瑞斯來說，通常不會介入太複雜的人際關係，理由同樣是因為動腦耍心機太累了。

　　艾瑞斯在神話故事當中，被描寫成嗜血、好戰、不動腦、不受到寵愛的孤獨一匹狼，但人類的集體意識正在成長當中，當個人主義崛起以後，這種性格的人會因為其外表，被我們評估為城市英雄或是壞人，但艾瑞斯就是艾瑞斯，你不犯我、我不犯你，對感

情也是耿直不二，不管是事業、感情、朋友、親戚，不要逼他對你感覺不好，那麼他還是好人一枚，愛弗羅黛蒂喜歡艾瑞斯的老實、好說話，因此成為愛弗羅黛蒂外遇的不二人選。

在神話塔羅的流年占卜方式當中，艾瑞斯能量是開啟嶄新、創造力的最佳代表，由於沒有太多的限制，這股能量能支持你做任何你想做的事情，想要變美變帥、變瘦變壯都只是小意思而已，如果是關於整個生命的大方向目標，艾瑞斯的能量，或是你身邊的老中青男女艾瑞斯，都會是你最得力的助手，請用真誠的心打動他們成為你的合作夥伴吧！

愛情觀：「我喜歡你耶！」

對他們來說，就連愛情觀這樣的討論範疇都太複雜了，感情不就是我愛你、你也喜歡我就成了，艾瑞斯面對感情喜歡與不喜歡都很直接，也許某些別人覺得不恰當的事情，當他們感覺到了，依然會奮不顧身，也有些帥哥美女級的人物會被艾瑞斯直接打動，旁人看來不可思議，但在他們的兩人世界當中就會知道，真情真愛不需要假裝。

有時候艾瑞斯類型的人會不自覺散發滿滿的性魅力，他們真的不是故意的，但魅力就像香味一樣，不只留在空氣中，還能持續在你的腦內發酵，他們也不是故意這樣的呀！如果你被他吸引了，觀察他有沒有伴侶，如果艾瑞斯也喜歡上你，那麼關係可能就此熱烈展開，但比他還要有危機意識的你（艾瑞斯的樂觀讓他缺乏危機意識），如果真的愛他就要懂得保護他，如果他不是單身狀態，就遠遠祝福他，當成是對他的尊重。

大罩門

想要利用他就不要被他發現。擁有粗漢俠盜性格，或者可以男女通用的形容詞是充滿義氣，這樣的艾瑞斯認定你是值得付出力氣支持的人，想必你讓他的耿直與你的需求之間是有共鳴的，他相信幫助你是真的為你好。但假如只是單純利用他，卻隱瞞後續許多你個人的利益、個人的企圖、個人的自私等，失望的艾瑞斯會轉換成攻擊力很強、夾帶著毀滅力，且讓人不寒而慄、深怕會永遠失去他的一種絕望感，這也是艾瑞斯，當他對你的用心被你糟蹋了，就會跟你一決高下，現代文明的作法就是—— 他會用過得比你好來證明你錯了。

自我修復的力量

運動或睡覺，與身體鍛鍊休息最直接相關的活動。艾瑞斯能量的復原就是運動發洩加上鍛鍊，以及讓自己深入地好好休息。不需要複雜的心理過程，艾瑞斯即使心裡受傷，復原的方法也就是簡單地把日子過好，心就會好起來。如果身旁有受傷的艾瑞斯，不如帶著他運動、遊樂探險、好好休息，他很快就會好起來了，別把他的心裡想得太複雜，他只是需要時間消化這個複雜的世界。

神話與占星、塔羅深入探索

牡羊座很容易衝動，主要能量放在開創，追求成功，面對挑戰

不會恐懼害怕。牡羊座為求鞏固自己的地位，願意往外征戰與面對挑戰，為了迎接挑戰全副武裝，中途受傷挫敗也會再站起來，認為不進則退，沒辦法接受停留在原地，一定要往前跑、往前衝。源源不斷的能量、會拆除舊有的體制、拿出新鮮的東西，想要把不符合真心、虛假的東西拆除，覺得舊了、不適合的也會換掉。有征戰創造的能量，也有拿出真心來，不再欺騙隱瞞的意涵。牡羊座通常在決策的過程充滿挑戰，要衡量與仔細地審視，這對牡羊來說是能不能成功的最關鍵部分，再針對自己的決定做全方位的發展，想要什麼都可以錦上添花，展現許多創新。

　　牡羊座的成功都能馬上看得到，因為力量很集中又很搶眼，讓自己在穩定當中繼續求進步，牡羊座是不會停下來的，生命是一直往自己的興趣專業鑽研，會變成很資深的專業。一開始牡羊座是衝撞找迷宮出口的類型，後來有經驗了，學會運用自己的能量，解決了焦急不耐煩的課題，所以做自己快樂的事情而成功。牡羊座膽大但是心不細，必須為自己的所有事情找到一個脈絡，要有耐心、夠細心，醞釀與規劃，有足夠的充電才能走更遠的路，選對了自己喜歡的道路就能越走越開心，休息放鬆的時間不多也能精神飽滿，為自己愛做的事情盡一份心力，實踐自己的願望。

　　艾瑞斯在奧林帕斯十二主神當中，據說只在宙斯之下，他征戰討伐的侵略性，讓敵人聞風喪膽。皇帝牌代表在重重考驗之中，往自己的目標邁進，皇帝牌的成長歷程，經歷許多明爭暗鬥，也經歷人心不古的失落，於是有防備心。皇帝把攻擊視為最佳的防禦，因此在成功的道路上集中精神，專注想要做到最好，對絆腳石有攻擊的心態。艾瑞斯不允許自己被阻擋，想要成功與不能失敗的

高自尊，會變成一堵高牆，影響艾瑞斯與皇帝的視野，只有在積極規劃自己，並且妥善運用自己的力量，將攻擊力化為行動力，針對想要進行的事物學習智慧與彎腰，這正是戰神後來為賀密斯所救的象徵意義，讓自己彎腰並且謙虛學習，才能拾起更多的稻穗。

5

教皇The Hierophant：
豐收女神──狄密特（Demeter）

◎在希臘神話中作為：

豐收女神，掌管植物、農業、物質生活、食物、金錢財富、金融業。像是金牛座給我們踏實的土黃色，以及狄密特不斷付出給他人的膚色，讓我們感受到極大的包容性。

◎父母、配偶：

父親──克羅諾斯。父親的獨斷是他對男人的第一印象，讓狄
　　　　密特無法相信男人。

母親──瑞亞。與母親的關係疏離，所以渴望自己能夠創造
　　　　一段完美的親子關係。

配偶──沒有正式的配偶。

◎代表聖物：

穀物——代表豐收與興盛，身體機能的滿足。

植物生長——擁有促進生長、支持生命的能力，熱愛服務。

◎象徵意義：

豐收女神的出現，代表人類需要環境擁有一個完整的生態系，也代表來自大自然的賞賜，是無私的能量，撫育生靈，帶來基本生存的安全感。喉嚨是我們創造與發出聲音的重要部位。

♉ 金牛座

從稻穀到金錢物質：金錢能量、銀行金融、賺錢、金融業機構、股票、投資。

發出聲音的美好：與音樂有關，唱歌、創作歌曲、作詞、娛樂業、音樂事業、廣告。

占星後天宮第二宮

金錢與價值、金錢的資源、與金錢相關的計畫、謀生能力、擁有的資源、未來的發展價值、看待金錢的態度、個人的價值觀、自我的價值展現、追求提高自己的價值。

身體部位

頸部、喉嚨、扁桃腺、甲狀腺、聲帶。

◎簡介：

狄密特不透過任何一位男天神的幫助，自己產下一位美麗的女兒——波西鳳，他深愛女兒而願意拋棄工作，代表他的付出最終會回歸到親情主題，他渴望愛的流傳，把所有生靈當成自己的孩子，更看重自己的女兒。

◎能量運行：

占星學對應金牛座能量。神話流年碰到狄密特，代表會獲得物質的成功、努力著手的工作會有成果、享受財富的豐盛、找到相愛的對象、生活會擁有超越物質享受的心靈滿足。

希臘神話占星塔羅：
狄密特、金牛座、教皇的財富管理

　　狄密特是四季女神，又稱為豐收女神。在希臘神話當中也排在奧林帕斯山十二主神的行列。狄密特掌管四季變化，最初地球上的四季沒有明確的氣候差別，只是分屬一年四段不同的時間，各持生物與物產的特色罷了。自從狄密特的唯一女兒——波西鳳被冥王黑底斯擄走，因此無心力再為所有生物奉獻關懷，大地曾經是無止盡的冰霜雪雨。經過幾番爭論與宙斯的判定，狄密特好不容易要回了波西鳳，卻因為黑底斯的詭計，讓波西鳳不得不在每年冬天時回到冥王府，擔任地下世界的冥后。因此每當冬天時，狄密特不甘心親愛的女兒違背意願回到地下世界，因此讓大地降下霜雪，冰封世界，作為情緒的發洩與渴求得到同情的戲碼。

　　這個愛人愛己、愛大家、愛女兒的好媽媽，在古時東方甚至能擁有貞節牌坊的殊榮，他就是狄密特，只要家人不要愛情，在感情上重視的是愛與持久、小孩的傳承，**轟轟**烈烈的感覺，反而會讓他擔心這樣熱過了、熟透了，會不會再也回不來了……他對在乎的重要人、事、物，能夠付出許多犧牲，忍耐伴隨的所有辛苦，所以為了讓他感覺到是被尊重的，需要互相尊重、互相留有喘息的空間。

　　狄密特類型的人都有一種杞人憂天的情懷，不管面對自己的事業、工作、感情，都會預先設想未來可能發生的事情，這樣的能量也許就是來自他曾經莫名遺失了自己的寶貝女兒，後來雖然寶貝女兒回來了，一年卻有四個月不能陪伴在他身邊，這也是一種遺憾啊！

　　狄密特是豐收女神，在從前掌管稻、麥與所有作物的生長，也包含自然界的所有樹木花草，該要有多包容，才會把自己的法力運用在滋長萬物上頭，這也象徵狄密特類型的人，總有能為別人付出的地方，他們都是先付出再求回報，有時候這會讓他們很不開心，一個衝動就先把自己全部付出給某些人、事、物，太熱心、太熱血，看見某個地方有自己派得上用場的可能性，不出手協助就覺得大大地違反自己的本性了。

　　狄密特最優勢的力量在於，一旦所有的心思都放在真心為別人好，仔細地照顧，默默地付出，自然會有許多美好的鋪陳出現，充滿法力與靈性的潛能，狄密特是一個非常可愛的性格，你願意回饋給他──他有多好、多棒、多令人感到敬佩，那麼他就會因為你給了他這樣一個期待，努力一圓你對他的滿心期待，他不忍心別人失望，這樣的體恤雖然經常為狄密特帶來情緒上的負擔，卻

也經常讓狄密特的成就隨之而來。

愛情觀：「只要讓我知道你需要我……」

母性情懷的最大指標是，談起戀愛來一定要有爸爸媽媽的味道，他們散發親情的愛，去吸引對方對他有男女之情，很容易滿足許多想要沐浴在親情混和著愛情能量的人。其實狄密特類型的人，對於情感關係與家人關係還是分得很清楚的，對他來說，如果家人關係是無止盡的付出，那麼情感關係就是無止盡的付出，加上完成生命最重要的功課──如何付出直到讓對方改邪歸正。

狄密特喜歡療癒一個人的無助面或陰暗面，有時候雖然好像很囉唆，但如果狄密特開始碎碎唸一些生活起居，或者照顧自己不恰當，那麼就是狄密特看中你，想要為你更長遠付出的跡象。

大罩門

千萬不要無視他對你的規劃，狄密特脾氣是很軟性的，除了他認定這樣做對大家是最好的那些事情以外……

有時他們的掌控慾強，是因為希望每件事情都在控制當中，好讓他安心於自己愛的人、事、物都沒有離開他，如果有些事情被他疏忽了，或有些事情沒經過他的了解，就自己運轉起來，那麼狄密特會擔心自己再也沒有影響力了，最難過的是他以為自己可以好好愛別人，但對別人而言卻是種囉嗦的負擔而置之不理。

要讓他知道，你了解他的用心良苦，不希望他太累……這是一個讓他們放下執著的開端。通常會讓狄密特過度付出的人，都是對自己的生命缺乏規劃與用心的人，狄密特只是自動補上這個療育的位置，也會因想要支持人卻發現自己的力量還不到位，而感到很焦急。所以回饋他、彌補他的方式，就是好起來給他看。

自我修復的力量

種植盆栽，最好是小盆栽，選擇各種香草也可以。如果對自己培植的能力還沒有把握，從耐旱的室內植物開始著手也可以，選擇讓自己賞心悅目的小盆栽，放在讓自己心安的位置，當作是自己負責的愛的植物，全心灌溉、適量的水、適量的日照、適量的愛心與對話，當能夠把自己的心力適當地附著在小盆栽上，而讓植物生長良好健康，那麼狄密特也就開始掌握如何愛人，以及學會靜靜看著別人成長。

神話與占星、塔羅深入探索

金牛座在物質世界很誠心地默默耕耘，具有穩定性並接受一成不變，可以每天過一樣的日子，但一定要讓自己過好日子，想要金錢成功、想要物質世界沒有匱乏，也在乎物質感官的享受，所以金牛座能量與所有金錢相關的人、事、物，都有很大的連結。金牛座有藝術能量，有很強的感受力但是不擅長表達，把所有感受放在心裡，但還是會散發出藝術氣息與特質。

教皇牌的心靈力量，正面的金牛座滿足於自己固定的生活圈，或者在工作當中發展出一套哲學，享受在其中，不求太多變化，只要慢慢成長，觀察力入微，工作仔細小心、不容易出錯，也很有頭腦展現自己獨特的地方，可能是讓自己的穩定度變得很棒，也有可能是抓準一條藝術相關的特質變成專家。要學習讓自己的生命沒有匱乏，必須自己努力付出，要願意耕耘，也要放下自己的不安全感，若害怕匱乏而太過努力，會喪失自己的生活品質。

金牛座會缺乏安全感，這樣的恐懼是自己嚇自己，害怕自己缺乏競爭能力，要安定自己的情緒，在工作上找到自己的一席之地，在生活當中找到自己的喜好興趣，足夠調劑身心，就能發現自己有許多資源可以運用，不必害怕自己一直擔心會發生的事情。穩定安心的金牛能量，創造自己的生命、事業、感情安穩成功。金牛座特別要注意因自己自卑、自我否定，而過度付出奔波的狀況，你有很強的表達能力，你能自在地展現才華，你本來就是大師與天才，要信任自己的能力。當不信任自己的能力，說話、表現的能量就會卡住，要回歸自己的內心，找到自信的開關，找回自己的自信。

狄密特滋養了人類，教皇傳遞真理給信徒。教皇牌的生命有許多財富，因為物質世界已經富足，所以能夠支持許多人的心靈世界，只要想付出愛就能夠找到方法，讓自己的生命可以得到溫飽。除了金錢上的連結外，教皇也包含心靈的財富，懂得滿足，生活充滿喜悅，就能在自己的心靈財富上更添一筆。狄密特對於人類有相當的恩情，然而自己的生命價值投注在女兒身上，卻因為專注在自己的工作崗位上，讓重要的女兒被擄走，影響了狄密特的價值觀，於是懷疑自己的能力與專長是否具有價值。

教皇牌的能量如果開始懷疑自己、否定自己，就會帶來狄密特的冬天，無法再有生產力。狄密特迷失自己的價值，會引發負面的教皇，懷疑自己的崗位與存在的意義，把不同的事情混為一談，迷失自己的價值觀。要找回價值觀就得穩定自己的信念，回頭看生命的歷程，原來自己的努力一直保有最具價值的經驗。學習重新接受現實，並且調整自己的配合度，接受與肯定自己的生命具有意義，教皇就能回到真理與平和。

6
戀人The Lovers：
愛神──艾洛斯（Eros）

◎在希臘神話中作為：

愛神，他的弓箭象徵著愛恨情仇，掌管人與人的情愫變化。他也用自己的生命活出了一部經典愛情小說，經過反覆掙扎，他更懂得如何愛與被愛，更能夠勝任掌管愛情的職位。像是雙子座伶俐的變動，讓我們聯想到淡藍色，一步一步的學習，不疾不徐，學習到人生當中每一件重要的事情。

◎父母、配偶：

父親——戰神。艾洛斯在神話故事中是私生子，但相當活躍，
　　　　頭腦靈活，因而容易認定自己的父親過於固執、不知
　　　　變通。

母親——愛弗羅黛蒂。母親對艾洛斯一面教育（關於愛）、一
　　　　面帶壞（善妒），讓艾洛斯對他又愛又怕，只敢聽命
　　　　不敢違抗。

配偶——賽姬。是一個小國家的人類公主，他們之間的情愛
　　　　故事，讓淘氣的孩子學會承擔，變為成熟的人。

◎代表聖物：

弓箭——代表犀利清晰的頭腦、置身事外的立場，觀察著別
　　　　人之間的關係。

翅膀——單純的好奇心，讓他可以輕易移動、追逐樂趣。

◎象徵意義：

愛的考驗、心智變成熟，遇到的每件事情都能教會你變成
熟，學習承擔的過程，從孩子變為成人，心境踏實了。

Ⅱ 雙子座

活潑的本質：樂觀的性格、擅長模仿、記憶能力強。

文字訊息：聰明、理解能力強、善於溝通，與說話溝通有關。

相關行業有：媒體記者、編輯審核、文字作家、書商出版業、
　　　　　　媒體廣告業、文字翻譯、口譯員、印刷業、資訊
　　　　　　業、電腦電子業、網路電子業、電器用品等。

賦予珍貴的意義：用愛分析、有才藝的、分析能力很強、參透
　　　　　　　　表面的事情、與直接犀利的言語有關。

占星後天宮位第三宮

兄弟姊妹、上司、同學、同事、早期的成長過程、主掌溝通、學
習的能力、周遭環境的影響。

身體部位

神經系統、手部、指甲、肩膀、肺、胸腺、手臂、呼吸系統 。

◎簡介：

艾洛斯自出生就經常與其他天神較勁，他孩子氣的不服輸，
也闖出了許多禍端，但他最後經歷一場刻骨銘心的戀愛，讓他
懂得真愛的付出很單純，也更正視自己扮演愛神的重要性。

◎能量運行：

占星學對應雙子座能量。神話流年碰到艾洛斯，會激發出重
要的心靈功課，需要反覆地咀嚼消化以後，深思熟慮讓自己可
以勇敢面對、妥善處理，是深層的學習經驗。

希臘神話占星塔羅：
艾洛斯、雙子座、戀人的生命學習

　　艾洛斯就是羅馬神話當中，廣為人知的愛神邱比特。艾洛斯是愛弗羅黛蒂與戰神艾瑞斯生下的私生子，活躍於希臘羅馬神話當中。艾洛斯的形象一向都以孩童的身分出現，直到捲入了一段充滿起伏的愛情故事，才讓艾洛斯從男童轉變為愛發愁的少年。愛弗羅黛蒂的善妒與不容侵犯的美貌，曾經遭遇莫大的懷疑，有一個國度的小公主，被世人譽為「美過愛弗羅黛蒂也不為過」，這個小公主名叫賽姬。愛弗羅黛蒂唆使艾洛斯替他戲弄這個無辜的賽姬，當艾洛斯帶著自己的金箭與鉛箭準備戲弄賽姬，使用讓人充滿嚮往的金箭往熟睡的賽姬肩上一碰，賜予賽姬能永遠得到他人的迷戀，舉手投足都能傾國傾城；接著使用黯淡的鉛箭往賽姬的嘴唇一碰，讓他畢生得不到真愛之吻。但整個過程艾洛斯卻被賽姬真實的美貌打亂了節奏，不小心用金箭劃傷了自己的手指，使得自己跟眼前熟睡的賽姬，結下了無法結束的緣分……

　　艾洛斯中了自己魔法的毒，卻因為被賽姬的美貌嚇傻了而忽略解毒的時機，無可救藥地愛上了賽姬。愛弗羅黛蒂無法接受這樣的結果，一不小心把孩子賠給了他滿心妒忌的人間美女，於是降下了詛咒。學會愛人的艾洛斯為了保護賽姬的國度，並且私心地想要占賽姬為己有，於是化成巨蛇唆使國王把賽姬許配給自己，將賽姬藏在深宮當中，躲避愛弗羅黛蒂的目光，但艾洛斯從來不讓賽姬看到自己已經成熟的真實長相，只有黑夜睡在賽姬身旁，並且囑咐賽姬千萬要相信愛情，保有信任，別被好奇心牽著鼻子走。但因為姊姊們嫉妒賽姬，而誘惑他試圖揭開艾洛斯的真面

目，讓艾洛斯傷心欲絕拋棄了賽姬，賽姬為了尋回真愛，而吃盡了苦頭。故事結尾是喜劇，艾洛斯眼看著賽姬無止盡地利用人類的身軀，完成愛弗羅黛蒂懲罰的殘酷之舉，有無止盡的心疼而宣告再也不離開賽姬，變為真正的愛情守護神。

　　愛神艾洛斯，比起其他的天神，是可愛又俊美，也是介於稚嫩可愛與天真頑固的危險平衡。艾洛斯是希臘神話當中相當為人所知的一位天神，愛天使也好、愛神也好，他的小小八卦是──母親是全天下最美麗的老婆婆愛弗羅黛蒂，他則是愛弗羅黛蒂與外遇對象戰神艾瑞斯的私生子。艾洛斯還有一個較不為人知的小祕密，就是他並非永遠長不大，而是自己不想長大，直到有一天愛對了人，他便開始讓自己成長，並且企圖成為一個好老公。

　　艾洛斯在神話當中是初生之犢不畏虎，平常受到生母愛弗羅黛蒂的影響，對於長得俊帥、生得漂亮的男男女女們，不斷地惡作劇，讓人受不了，這樣調皮搗蛋的小鬼頭，其實從幼年時期就不難發現，他長得非常俊帥，在他與未來的老婆「賽姬」因為一些糗事而愛上了彼此的這段故事裡，從此轉大人的他，不僅是從一個小鬼頭轉變成一個輕熟男爸爸，更是運用美男計，以金亮的髮絲、湛藍的雙眼、優質古銅的皮膚、豐厚的潔白羽翼，以及彈性十足的肌肉，上演青澀的猛男秀（非常普遍級地），讓許多拜讀這段故事的人都羨慕賽姬的幸福。

　　然而賽姬受到姊姊們的忌妒，見不得人好的姐姐慫恿賽姬，以黃臉婆的姿態質問艾洛斯到底成天上哪去，禁不起懷疑與不被信任的艾洛斯大翻臉，這也才促成一段賽姬不斷道歉並受盡折磨，最終能夠與另一半相愛的佳話（至少對愛弗羅黛蒂來說，這

個全國票選第一的美女變得如此狼狽，心裡亂開心一把的）。

艾洛斯一出生就夾帶著金弓金箭，與其他天神不盡相同。其他天神的武器、神器、坐駕，都是由火神赫菲斯托斯一手打造，但艾洛斯畢竟是愛弗羅黛蒂瞞著火神，與肌肉男戰神艾瑞斯的孩子，這使得艾洛斯從出生開始就與自己名義上的火神爸爸不太熟，這位爸爸心知肚明這孩子不是自己的，也不盡然會用心疼愛。這反映出對應到艾洛斯的人們，在心中與自己的父親之間會有些課題，通常是說不出口的真心話、想溝通、想要表達重視卻不忍說的心態，身為艾洛斯人格，正是需要一點勇氣去表達想要被愛的渴望，但經常礙於面子，而讓自己的親情、感情，都維持在說不清理不透卻也可算是幸福的灰色地帶，這樣的狀態總有一天能夠被打破，只要艾洛斯願意說出他的心聲，最誠實的那段心聲。

愛情觀：「我在你的身上看到一點自己的影子」

容易自作聰明、唯恐天下人不願意談戀愛的愛天使（其實他是神，但是翅膀太漂亮了，稱作天使更唯美一點），其實自己心裡很抗拒跟別人一樣，情情愛愛談不完的感覺，這太尷尬、太黏膩了，但有一個情況讓艾洛斯願意打開心房，甚至奮不顧身。

這就要說到，艾洛斯在故事當中認為自己的狀況「父不父、子不子」（父親對他沒有盡到父親的責任，而自己也不是父親的親生孩子），認為自己名分不清楚，也覺得沒有人能夠懂自己，會開始偽裝，彷彿能夠笑看人間，其實心在滴血，他也會強顏歡笑，因為

父親、母親不把他當成孩子寵溺，至少他希望自己能夠博得別人的注意。

如果他發現，人群當中有人靜靜地、看起來很聰明，卻又好像會輕易地被劃破，就有可能陷入愛情裡；他喜歡聰明卻纖細易碎的玻璃心，畢竟他認為這是自己的寫照。如果想要讓艾洛斯類型的人愛上你的話，要有心理準備，必須讀萬卷書、流萬斤淚滴，與他有旗鼓相當的纖細並聰慧，那麼他會與你在靈魂上有共感，而對你釋放出好感。還有一種可能，是與他共患難而產生革命情感，但這樣的機會可遇不可求，除非已經是同事，並共同扛了等量的壓力，如果承受壓力不同，那麼他還是只會當你是同事。要讓艾洛斯孩子版進化為艾洛斯成人版，就需要不斷地打動與自我充實。

大罩門

神話故事當中的艾洛斯，調皮程度堪稱是邪惡的惡趣味，但對於艾洛斯人格的人，千萬別讓他感受到你對他的懷疑，他的頑皮表現，一方面是想得到較多人對他的關注或喜愛，另一方面是為了求生存，而讓別人知道他有多麼聰明與認真努力過生活。

這些特質絕對不代表他會蓄意傷害別人，他心裡明白道德界線在哪裡，要他自廢武功乖乖做人處事，不像故事當中興風作浪，已經是他努力要求自己道德的極限，他都如此要求自己，又怎能接受別人懷疑他。一旦如此，會讓他感覺到努力經營的信任消失了，他的玻璃心是會碎的，他就是如此脆弱的人呀！

自我修復的力量

個人放空行。可能聒噪、可能逞強的艾洛斯，在心靈脆弱的時候，最適合給自己一趟簡短的旅程，全程都不必說話，就讓自己走走停停、看看遠方、吹吹風。接近自然是其中一個理由，再來是當他不必說話，那份寧靜，反映出這位艾洛斯正處於療癒自己、貼近自己心靈的時刻，這份安靜會讓他回復許多力量。

也代表當一位艾洛斯變得安靜時，就讓他多一點安靜，他不會讓愛他的人等待太久，當他好了許多，就會迫不及待地繼續展現歡樂的氣氛，讓大家注目他。這是他對人際、情感上的用心。

神話與占星、塔羅深入探索

雙子座是不穩定的品質，這樣的品質適合穿梭在不同的領域、工作、場所、氣氛當中，懂得幫自己製造保護色，別人看不清楚他的心思；很有防備心，因為自己臆測了許多，不敢相信人性最終的善良面，所以跟人有一點距離。但喜歡交朋友，跟朋友相處時間很多，有許多朋友，喜歡一起相處、一起說話的氣氛，只跟自己最真切的朋友討論內心世界。雙子座聰明的能量，理解力相當高，也很有創意，短時間就能創造出新想法、新點子，很快就能處理資訊，頭腦轉得很快，短期的創造，在生活的每一個部分，都可以有自己的巧思與心得。

在關係當中猶豫不決的部分，雙子通常因為自己的機智，以及懂得變色龍的道理，得到很多人的好感，對感情卻不那麼容易

栽進去，想要談戀愛但注重品質，對真情真愛有恐懼與擔心，相信愛的課題，可能會流於表面的相愛，心理恐懼的是要配合對方還是支配對方，所以很難對愛情放心。會為了別人對他塑造出的形象，而繼續扮演下去，唯有穿越迷霧，才能重新創造自己的生命；隨時能創造，就要先放下自己的架子，回到最純淨原始的雙子。生活當中沒有目的的小聰明，整理自己以後，發現自己很棒，所以想把自己放在最適合發展的位置，是有目的性地集中火力發展。

　　雙子座有信任的課題，所以才要隱藏自己，當一隻變色龍，這樣的變色龍是雙子道路上，只要願意作改變，就能發現平淡的生活也很棒，回到戀人牌的課題，告訴自己，我的生命充滿了愛，我也奉獻自己給予愛，解開雙子座的業力。

　　艾洛斯與戀人牌，是愛的課題、信任的課題。在故事當中，艾洛斯再三叮嚀賽姬放下好奇心，但艾洛斯對傳統女性的批判與刻板印象，造成了感情的一波三折，也看到自己愛上的賽姬，因為這樣的分離而經歷千辛萬苦。當戀人牌沒辦法選擇寬恕，在關係當中出現負面的感覺，就會選擇逃離那個不被信任的地方，於是開啟了跟自己內心對話的時光。

　　戀人牌處理所有的關係，艾洛斯在神話當中掌管所有男女關係，以及同性之間的關係，而引發許多有趣的相處，輕鬆看待可以確保自己不會席捲進複雜狀況，或是誤會的情感關係裡，保有單純的思想。有時候戀人牌會想要體驗愛情或者深刻的某段關係，創造許多戲劇化情節，因為無法相信自己會得到幸福，對於好關係沒有信心，更拒絕看到可能性；要告訴自己有美好的關係是自然

的，自己也會變得柔軟，在戀人牌當中原本存在的考驗、測試、試探的意象，也會漸漸淡掉。

7
戰車The Chariot：
家庭守護神——赫斯提亞（Hestia）

◎在希臘神話中作為：

守護神、家灶神，像是現在的家政課老師，守護廚房的大小事，也與家事、教養有關。像是巨蟹座，散發讓我們感覺到被包容一切的白色，讓我們覺得沉澱了恐懼、沉澱了擔憂害怕，看見自己也可以很勇敢。

◎父母、配偶：

父親——克羅諾斯。在赫斯提亞眼裡，父親總會闖禍或不近
　　　　人情，因此自己也心生畏懼。

母親——瑞亞。對於母親的苦衷能夠理解，因此總是在逆境
　　　　當中與母親相依為命。

配偶——沒有正式的配偶。

◎代表聖物：

白紗——代表純潔的生命，全數奉獻給需要幫助的人。

◎象徵意義：

懂得為他人設身處地的著想，推己及人，擁有照顧他人的能力，溫柔的性格。對生活基本要素擁有直覺，例如擁有衣著、家居、烹飪等家政相關的天賦。

♋ 巨蟹座

照顧著別人：醫護人員、食物、甜食、家的感覺、戀家的傾向　　　　與感性特質。

生命的傳承：幼稚園老師、幼教人士、婦科專家、家政老師、　　　　家事達人。

家中的重要機能：浴室、廚房。

心靈的安定：安全感、照顧別人與被照顧、母性的能量、親密　　　　的互動。

心靈的不安定：忌妒羨慕、防衛機制很強、擔憂焦慮害怕、停　　　　留在過去傷害、太過依賴家庭的安全感。

占星後天宮位第四宮

與媽媽有關、心靈的安全感、原生家庭關係、家庭課題、與父母的相處狀況、房地產、田宅相關、家族事業、與家族相關的事情。

身體部位

胃部、消化系統、食道、胸部、女性生殖器官、膽囊、胸部。

◎簡介：

赫斯提亞的故事鮮少被提及，他放棄崇高的權位，到人類世界與人共同生活，就近教導，實現了他仔細踏實的性格，將良好的生活機能技術，帶進人類世界。

◎能量運行：

占星學對應巨蟹座能量。神話流年碰到赫斯提亞，會讓一個人情緒敏感，能夠體會別人所不能體會的，擁有靈通的能力，對別人發生的事情有感觸而伸出援手，也代表赫斯提亞守護你，支持你凡事順利，提供你安全感。

希臘神話占星塔羅：
赫斯提亞、巨蟹座、戰車守護著內心之家

　　克羅諾斯生下了希拉、黑底斯、波賽頓、狄密特、赫斯提亞、宙斯。除了宙斯外，赫斯提亞與其他兄長姊妹一樣，一出生就被克羅諾斯吞下肚，在宙斯推翻了克羅諾斯後，赫斯提亞得到了「家務與廚房女神」的職位，對這個職位兢兢業業，並有深深想為人們付出的柔軟心腸，赫斯提亞很快就請辭了奧林帕斯十二主神的行列，深入民間為人民服務。

　　赫斯提亞的外型沒有華麗的墜飾，取而代之是移動、幹活都方便的素服。赫斯提亞的故事，其實是能夠在平凡當中看見最珍貴的力量。赫斯提亞貴為天神宙斯、天后希拉、海神波賽頓、冥王

黑底斯等幾位超級大神的親生姊姊，卻因為想要服務人類，而放棄重要神祇的地位，與人類一起共同生活，教育當時的人類該如何縫紉、烹飪，以及照顧生活的起居，形成一個良好的生活習慣與態度。這樣親民的神，真的不常見了。

在神話故事中，我們不常見到赫斯提亞的故事，由於他天性不喜歡與人在檯面上鬥爭，所以一開始大家議論眾神地位時，他就意興闌珊地放棄與其他親生手足們，共享榮華富貴的機會，選擇自己的天職使命，遁入人間——其他天神視為缺乏樂子或是「神性」的地方，這能夠彰顯赫斯提亞是一個多麼不一樣、如此人性化的天神了吧！

然而我們前面提到，赫斯提亞即使不喜歡與人在檯面上鬥爭，私下其實也是一個相當有想法的人。我們通常要很小心地選擇描述他們的文字，一來是因為他們容易因為別人的評語而顯得小心翼翼，你很容易看得出來他們等著聽別人怎麼看他們，當他們能夠賣乖的時候是不會手軟的。另外，赫斯提亞能夠成為希臘神話絕無僅有的三位處女神之一，這在將享受視為一種本錢的神話故事中，更是一絕！（附帶一提，另外兩位處女神是智慧戰神雅典娜，以及之後會提到的月神阿媞彌斯，他們三人的堅持比天高呀！）我們在這裡想要歌頌的是以現代的性格來說，赫斯提亞類型絕對是有勇足謀的人，能夠和氣待人，實際上該拚命出力、認真學習、活用策略時，也是不吝嗇使出絕活。

另外，赫斯提亞也是少數相當沉默的天神，沉默象徵著欲言又止，他不說話不代表不思考，相反地，他的思維與縝密如同放在口袋的耳機線，當你想到要取出時，已經糾結複雜了許多。而赫斯

提亞身為宙斯的長姊，在該有魄力的時候，會在大家思緒一團混亂時，以霸道的決策讓人信服；有時候觀察的地方太細微，又每每要舊事重提，這也代表他已經不想繼續冷眼旁觀，因此每句振振有詞的話傳到耳邊，都是響徹雲霄。

　　大家千萬不要誤會，我們不是指赫斯提亞脾氣很好，而是他猶如地下岩漿，請你用心觀察他的感覺，笑裡藏炸藥是很常在赫斯提亞身上發生的，跟這類型人相處要格外用心，對他們來說，對每個人的照顧，都是相當真心的，所以他們也應當值得被珍惜，這對他們來說是公正公平的互相對待。也可以這樣想像，他們是忍耐度相當高的老虎，耐罵耐痛耐勞耐怨，但是長久下來，他們也許會不耐煩，誰叫你沒事踩他的底線呢？

愛情觀：「我愛你那麼多，請你閉嘴。」

　　越溫柔的人在戀愛當中越有立足點，對赫斯提亞來說，他們的付出每一次都是一種籌碼，在感情互相對待當中，赫斯提亞的細膩與遠瞻性，都能讓對方得到相當好的助力。即使在神話故事當中，赫斯提亞的賢淑吸引了許多人對他有好感，卻沒有任何一段正式發展。在現代的角度來看，赫斯提亞會更偏向要談戀愛，但要公平互相、自己也應該被好好對待。因此赫斯提亞類型的人在感情當中，付出相當多的心力，用心地讓對方可以在愛當中享受，也想讓對方沉醉在他的溫柔鄉，這是一種甜蜜的陷阱。

　　當赫斯提亞在感情當中漸漸站穩腳跟，就會展現他聰敏的頭腦，首先是在家務上開始涉入許多意見，碎碎唸是基本，挑剔是一

種尊重，動手代你清潔或是改變你的什麼，是因為真的愛你，所以希望你乖乖相信他的眼光，他會為你做好一切，也就是說，「馴服成功」對赫斯提亞來說，是相當有吸引力的感情目標（看看他總是捲起袖子，就知道對自己的能力充滿自信）。

大罩門

　　赫斯提亞很難接受「髒」。如果是物理性的髒，例如灰塵、污垢、凌亂等，視不同的生長背景，總會分歧出整潔派與個性派兩種類型，他們真正厭惡的是抽象的髒。別忘了赫斯提亞是神話故事當中的家庭守護女神，顧名思義，性靈不純潔，對他來說可是幸福搖搖欲墜的前兆，一切都應該要保守進行，例如安全、規律、誠實、公平、純潔、正義、溫柔等，只要是人性當中的美德，赫斯提亞都會希望自己能夠擁有。而真實的大罩門，不能被觸碰與侵犯的，是你對他進行「髒」的行動，或者是你誤會他做出「髒」的行為。

　　我們可以簡單稱他們是精神潔癖，但不是絕對客觀的那種，畢竟赫斯提亞掌管的領域，比起其他天神要私密多了，關起門來的都是家務內事，自然也是「家有家法」。每位赫斯提亞類型的人，都有一個說不上來的罩門，但相處久的朋友都會知道，他們對於別人的侵犯相當敏感，唯一的方法是與他們有善相處一段時間，逐漸了解其喜惡，自然能夠體會到他們更偏向哪一種觀念，其餘與自己觀念不符的，他們不是試著忍耐，就是試著委婉處理（但赫斯提亞一出手，其實力道不輕，他們還是懂得以爭吵、辯論來詮釋正義），許多口角就是這樣來的。

簡而言之，你不能陷他們於不義，他們討厭不好的事情，自然也討厭別人誣陷他們做不好的事情。但如果他們自己偶爾犯了點小錯，也可能會敏感得不想讓別人看到，因為自己太放大那個缺點，把自己想得太壞了，此時好朋友或好伴侶，多給他們耐心與關懷，能夠在他們心中加個一百分。

自我修復的力量

精品、好東西、名貴的東西、稀有的東西。我們不諱言的，赫斯提亞都有非常美好的眼光。如果美麗的愛弗羅黛蒂讓許多人不由自主地送他們精品，那麼赫斯提亞絕對可以擔任精品評鑑委員會的會長。當他們進入情緒的低潮，或是覺得生活一成不變太無聊，那麼帶他們逛逛精品、名牌，或是美好的東西如香水、美麗的花、好家具等，能夠讓他們迅速充飽電。

這就好像每位廚師都夢想擁有絕佳的廚具一樣，赫斯提亞身為一代家政老師，從生活禮儀、家居布置、到個人衣著整潔美觀等，都涉獵不少，眼光也非常好。不管是想要照顧赫斯提亞，或本身是赫斯提亞，逛逛百貨公司、上網看看網拍、拿出自己珍藏且帶有回憶的重要紀念品，都能讓赫斯提亞回復許多力量。

神話與占星、塔羅深入探索

巨蟹座代表家庭觀念，代表與家居生活相關的層面。巨蟹座的特質內斂、保守、感性，需要先穩定自己的內在感覺。巨蟹座很

敏感，但是很有愛，如果曾經沒有得到愛，想要愛的時候遭遇回絕，就會關閉內心，先保護自己，所以讓人很難觸碰到他的內心；巨蟹座想要有愛，但是對巨蟹座來說，愛必須同時存在安全感，不想經驗冒險的情節。巨蟹座代表童年的事件會影響自己的心靈，必須處理成長與過往的回憶，切斷之間的連結，停止恐懼與停止注意那些過去發生的經歷。

敏感的心靈想要依賴別人，想要得到照顧，享受愛的包圍，這就是巨蟹座對於照顧能量敏感的原因。有戰車的能量，代表曾經驗不愉快的經驗，讓巨蟹座化悲憤為力量，想要走出全新的人生，所以穿上武裝，願意為自己的生命奮鬥，讓自己變得很堅強，回到頭腦的思考，變得理智，也重新整理自己失落的情緒，想要整理心裡的那一塊回憶。天生就具有創造力與創意、藝術能量、關懷照顧的能量，最終他們能夠給人愛。巨蟹座的狀況是吸收自己經驗當中的事件，容易揮之不去，當戰車開始啟動了，巨蟹座就會保護自己的心靈，開始變得不容易坦承，但自己心裡是很不愉快的，因為巨蟹座其他的特質都是善良天真純潔的。要支持這一部分改變，就要給巨蟹座關心，直到願意回頭處理並且原諒，重建以往的關係，真實是要化悲憤為快樂，化悲憤為成長承擔。

在戰車當中，代表對於自己的真正力量與內在的天賦職位感到信賴，於是奮不顧身地投入。赫斯提亞毅然決然放下十二主神行列的名譽，讓自己與凡人居住，就近支持人類。戰車是理想性的，心裡對於幸福有一個既定的印象，就是自己的內心之家，會期待自己透過努力來達到這個意象。如果感覺到自己脆弱，就會對自己失望，持續削弱自己的能量。對戰車來說，負面失去力量的時

候，要從有自信的事情慢慢改變氣餒的狀態，感覺自己很棒，祝福自己可以有更多的力量，自己願意給自己力量就會成功，戰車是自己的內心與心智活動，給自己許多力量而變得成功的故事。

戰車會花畢生的時間追求一個幸福的意象，要求的不多，只要得到幸福就能知足，對幸福的定義與兒時記憶有關係，對工作、生命態度、感情、關係、金錢等各種層面的觀念，都有許多影響。負面的戰車遭遇許多氣餒，需要透過別人的鼓舞或者是站在陪伴自己的立場鼓舞自己，停止削弱自己，走回正面的戰車，才能擁有源源不絕的力量。

8
力量Strength：
大力英雄——赫拉克羅斯（Heracles）

◎在希臘神話中作為：

大力英雄，他是半人半神，生命中充滿探險與挑戰，屢屢提升自己並為民除害，是勇氣的象徵。像是獅子座狂放地展現自己，熱烈展現金黃色，耀眼、光芒，令人讚賞的英雄氣概。

◎父母、配偶：

父親——宙斯。赫拉克羅斯得到父親的祝福與認可，與父親
　　　　之間是英雄惜英雄。

母親——奧珂莫內。傳說中擁有光榮丈夫與孩子的命運，為
　　　　家庭帶來幸福豐盛，赫拉克羅斯相當尊重自己的母
　　　　親，也因為英雄性格而遠離母親到他鄉發展。

配偶——赫拉克羅斯一生有許多妻子，他的重心放在生命探
　　　　險，妻子則給予他支持。

◎代表聖物：

獅子——象徵他內心尊貴、氣宇不凡、不畏懼人或者事的挑戰。

◎象徵意義：

勇氣、智慧、迎接挑戰、英雄氣概。他是一個動腦動手又能夠
戰勝一切的英雄。死後獲得宙斯的祝福而升為天神，因此也
代表追尋榮耀。

♌ 獅子座

成為英雄的過程：領導者、明星架式十足、冒險、勇氣。

成為英雄的背後：想要獲得認同、愛慕虛榮、在乎別人的稱
　　　　　　　　讚、想稱王。

成為英雄以後的樣子：自我感覺良好、自尊強烈、重視權力表現。

表現自己的方式：表演事業、演員或明星、歌手、娛樂事業。

相關人物：心臟科醫生、跌打損傷師傅、整脊師、按摩師、政
　　　　　治人物、娛樂相關人士、黑白兩道、禮品業。

占星後天宮位第五宮

享受與娛樂、戀情戀愛、休閒娛樂、歡樂的感覺、幼時記憶、玩樂。

身體部位

心臟、脊椎、背部、肌肉、血液、心血管疾病、背部、心絞痛、心臟衰竭、脊椎側彎、運動傷害。

◎簡介：

赫拉克羅斯是宙斯的私生子，宙斯對自己的人間孫女奧珂莫內著迷，與他誕下赫拉克羅斯，他受到最高規格的訓練而成為大英雄，又兼具英雄氣概挺身而出、伸張正義，經歷了眾多挑戰與創立偉業，而讓靈魂昇華成為奮鬥成功的代表。

◎能量運行：

占星學對應獅子座能量。神話流年碰到赫拉克羅斯，代表是挑戰考驗、提升榮耀的結合，會獲得勇氣與對自己的相信，以及堅毅不拔的毅力，環境上則會引導你創造華麗的偉業。

希臘神話占星塔羅：
赫拉克羅斯、獅子座、力量展現在重新崛起

赫拉克羅斯是英雄電影般的存在，他的人生經歷相當精采，

讓他在逝去生命之後，獲得眾神的同意，從人的靈魂升格成為了天神。天神宙斯在一次的外遇，讓一名人類女孩產下了赫拉克羅斯，於是赫拉克羅斯在半人半神的情況下學習扮演人類的英雄，從小就展現各種才華氣度，不論是知識、武術、氣概，都相當卓越，並且擁有相當大的力量。天后希拉對這個引人注目的存在滿懷憎惡，並且不斷試圖讓這個孩子胎死腹中，但每一次都受到旁人的阻擋，甚至在雅典娜的誘騙之下，為赫拉克羅斯哺乳，增加他的生命力與驚人的成長速度。

赫拉克羅斯的無懼無畏、勇敢與智慧，讓他在人生的前十幾年就得到相當高的注目，但在他青年時期，因為誤殺老師而被國家放逐，然後遇到愉悅女神與美德女神，賜予他兩條道路，分別是愉快而簡單的生命，以及艱辛光榮的道路，赫拉克羅斯的智慧，讓他對於成功感到興趣，於是選擇了艱辛光榮的道路，開啟了天后希拉對人民英雄赫拉克羅斯的折磨。天后希拉對赫拉克羅斯下了詛咒，於是赫拉克羅斯在混亂瘋魔當中殺掉了自己的孩子，為了彌補這一過錯，赫拉克羅斯接受挑戰，完成了十項偉業。但由於其中兩樣任務一樣太簡單、一樣有其他戰士的協助，被任務的派遣者視為無效，而再增添兩樣可怕的任務，他依然堅毅不拔、誓死完成，總算達成了眾人廣為流傳的十二項偉業。

備受尊重的赫拉克羅斯已經是一名英雄，卻因一場情傷，而放逐自己，加上希拉再次的詛咒，讓赫拉克羅斯失去理智，於是被俘虜成為女王的奴役，被迫穿上女性的衣服與高跟鞋，直到三年奴役結束，才重返英雄的光榮。赫拉克羅斯的英雄事蹟依然不敗，在他試圖振作以後，成功解救受到宙斯懲罰的普羅米修斯，祝

福了人類的存在。一次渡河時，遭遇暗殺而結束生命，最後在宙斯的祈福之下，以半人半神的身分回到奧林帕斯山，成為天神之一。

橄欖木棍以及獅子皮，絕非是大力英雄赫拉克羅斯以外的人，能夠駕馭的象徵物品。這個傳說中接近完美的英雄，是兼具勇氣、智慧、聰明、力量、戰鬥能力、意志力，又懂得體貼待人的完美人類。由於他是宙斯的私生子（雖然親生母親是凡人），卻也繼承了某種幸運的神蹟。赫拉克羅斯逢出生，就遭遇天后希拉的追殺，這位除了自己以及與宙斯生下的孩子，寧可其他人都不存在於這世界的善妒大嬸，對赫拉克羅斯施展許多折磨，也練就這個倒楣卻也光榮的英雄，有無堅不摧的戰鬥力。

赫拉克羅斯因緣際會得到了希拉的母乳，拜雅典娜精心設局所賜，這個半人半神的小孩，擁有了不死之身與絕妙的大力神通，因此被喚做大力士，是因為他既能夠以一己之力搬運可怕重量的物品，在幼年時期就能輕輕一掐讓毒蛇應聲斷裂，真是令人畏懼的力量！

對應到現代人的人性，赫拉克羅斯類型是相當具有正義感（自己認為）的性格，舉凡是路見不平拔刀相助，或是自己遭遇不公平的事情，第一件事就是號召大家聽聽他的見解與經歷。通常我們對於正義感使然的行動，會認為就直截了當地採取行動爭取到底，然而在赫拉克羅斯的邏輯之下，許多應該個人去面對的事情，他們開始會找人商量，這也許是市井英雄們在乎民意的一種表現，而這樣的方式，的確也讓赫拉克羅斯類型的人能擁有知心的好朋友。

　　酒肉朋友固然可能有一大把，但因赫拉克羅斯的挑剔性格，因此必定要經過他認可，知人知面又知心，才能升格成為好朋友。另一種是赫拉克羅斯的英雄主義作祟，特別喜歡恰到好處的主從關係，喜歡保護有才華或個性善良的人，或喜歡亦師亦友的關係，如果對方也是某個領域的高手，談話風趣沒有架子，那最能夠擄獲赫拉克羅斯的心了。

　　赫拉克羅斯嫉惡如仇，但在現代有許多正義邪惡分野模糊的地帶，赫拉克羅斯類型的人也開始有不同的看法，但大致上像是小氣、偷雞摸狗、不誠實、孬、欺騙的手段卑劣等，都還是赫拉克羅斯普遍無法接受的陋習。有一個有趣的地方是，如果赫拉克羅斯認可自己能夠亦正亦邪（通常是現代的成長背景使然，有些赫拉克羅斯不那麼要求法律上面的正義），那麼他們會自然巧妙地融合，就像羅賓漢、廖添丁等盜亦有道的類型。

　　不論談感情、拚事業、賺大錢、交死黨，赫拉克羅斯的霸道與爆炸性是很出名的，首先他們沒辦法在第一時間承認自己的錯誤，因此他們的情緒反彈很容易嚇到別人，再者是赫拉克羅斯期許自己從過去經驗不斷學習，所以討厭別人針對他們努力改進的地方找碴，同時也討厭看到別人不長進、犯了錯還不改進的態度。

　　如此聽下來，赫拉克羅斯的確是一個經常處於批判、分辨是非對錯的人啊！但赫拉克羅斯有他獨特的魅力，猶如前述，如果要論及在每個刻苦難以求生的環境，或者是給予最大的壓力挑戰時，他頑強的生命力會讓許多人為之驚訝，並且相當讚嘆這類型的人，是如此具有力量；他們彷彿是心不甘情不願運轉的發電廠，

非要有人逼近才會運轉，但偏偏運轉起來總是出色得不得了，早知如此，何不早點醒一醒，自體發電好幹一場漂亮的勝仗呢？！

愛情觀：「我只說一次！」

赫拉克羅斯覺得愛情說得太白，就無趣了（調情除外），所以赫拉克羅斯在感情中，本性並不偏向咿咿呀呀的談情說愛，更習慣於拚命努力付出，密集地將對方寵上天，對方識相的話也應該盡全力，將彼此當成公主王子來照顧，對他們來說，這樣的感情最浪漫、最公平、最有意思。

赫拉克羅斯雖然是群眾英雄，但在鎂光燈底下，內心多少有點自卑感。神話故事中，他並不是出身於幸福家庭，所以如果談感情時有一份家的味道、親切真實的歸屬感，赫拉克羅斯將會十分期許能長長久久。如果想要取得赫拉克羅斯的心，一定要記得，順從他、然後偶爾規範他（偶爾臣服對他們來說很浪漫）、承諾他（當然要說到做到），然後扮演一隻被老虎吃掉的小乖羊，如此對他來說，就是一段八十分以上關係了。

還有一個要領是，不要等他把話講明，他想要的不是被聆聽，而是被觀察，用眼睛能夠理解他的習慣，就不要再問他一遍，對他來說，每天忙東忙西已經夠煩了，若要每件事情親口教一遍，對於自認很忙的赫拉克羅斯來說，是一種折磨。所以如果懂得對他察言觀色（對其他人他就不要求了），那就可以直指一百分情人了。

大罩門

不能挑戰他的權威，包含對他發飆、轟炸他、懷疑他、反駁他，尤其當他真的是「對」的時候（赫拉克羅斯一向盡可能不要讓自己犯錯，他們對自己要求也很嚴格），否則你就等於是小人，那麼治理小人的方式就是以暴制暴。看著這朵蕈狀雲，不難想像一個內在蘊含著克服千萬挑戰困難的潛力，如果發揮在爆炸式的發飆上，那不是每個人都能夠承受的暴風，某些親身經歷過赫拉克羅斯爆炸的人，只會告訴你：「再也不想經歷任何一次了。」

但如果在經過爭論過後，赫拉克羅斯發現你對他的侵犯是言之有理，反而是他理虧，那麼他會摸摸鼻子、惦記在心上，這也算是赫拉克羅斯懂得精進的小小優點，雖然一被觸怒，臉色真的很難看，但他們還是很能說道理的。

自我修復的力量

稱讚、證據、光榮道路。每個赫拉克羅斯的成長歷程都有一些光榮的證據，未必是哪一個領域，學業、才藝、人緣、能力，或大大小小的獎牌、獎狀，甚至更特殊的才華，總會有些值得紀念的東西。只要把那些證明他一路走來留下的某些有價值的東西，拿在手上把玩觀察一下，他們便能心領神會，理解原來自己還不是那麼差。

由於赫拉克羅斯對自己的要求如此嚴格，每每在當下遭遇挫折，他們會自動給自己加上額外的壓力，也就是說如果別人給他

的忠告或批評，帶來五十分的壓力，那麼他自己加成過後，總計會帶給自己一百分的壓力，此時他如果能夠對自己肯定，不管是生命歷程當中的哪一段回憶或是現在，就不至於綑綁自己的手腳不敢嘗試。從旁觀者的眼裡看來，赫拉克羅斯一旦停止自我批判，那麼成功的機會也就近在咫尺，你會很相信他的能力。

神話與占星、塔羅深入探索

獅子座在追求成就的旅途上，重視自己的聲音、注重自己的形象，喜歡擴大聲勢，喜歡表現表演，擴大自己也對別人慷慨。有領導者的風範，能同時掌握擴大的能量，又能關懷需要關懷的人，裡外都能掌控得很好，是慈悲的王者風範。獅子座是天生對自己成功格局有概念的人，從小就會想自己成功要是什麼樣子，敢作夢也敢實現，對自己夢想的尊重，不允許別人踐踏與削弱，願意堅持自己的夢想。獅子座對自己的未來與成功感到很有希望，處在樂觀的狀況當中，對別人沒有防備心，接受合作也願意自己獨立打拚，只要是為了自己好的行為都樂在其中，有創造能量，也有關懷別人的能量，正向的獅子座給人感覺是溫暖充滿愛的，因為懂得回饋給別人。

肯定自己的夢想是重要的，不要受人影響，要堅強獨立。如果跟別人做一樣的事情，在這個時候要開始想自己特別的是什麼，要同中求異，找出自己特別的地方，這是一個可以讓生命成功的種子。本身有娛樂享受的能量，在工作當中享受，接受自己創造的成就感，最後獅子座敢對抗別人削弱他的聲音，讓自己成功當作

最好的證明，是積極努力的能量。獅子座若一開始無法肯定自己，後續的路會走得不穩定，便會感到很挫敗，所以在獅子能量變得脆弱挫折時，要回頭想真心喜歡的是什麼，這才是獅子座最大的能量，必須結合一個跟生命目標有關連、有成就感、喜歡也願意努力的一個願望與喜好，就能成功。

赫拉克羅斯的生命歷程是力量牌的復刻畫。力量牌在追求生命的成功，會運用各種姿態與可能性。赫拉克羅斯的生命歷程經驗了性別、艱難的挑戰與羞辱，從重重的考驗當中脫穎而出。力量牌會創造自己的逆流，鍛鍊自己，逆流而上後會有更多的力量，考驗自己堅忍不拔的力量。赫拉克羅斯與力量牌的成功在於相信，生命不會放棄你，你天生的力量也不會離你而去，選擇相信自己的生命有更多力量還沒出現，就有可能運用不同的姿態，讓人眼睛為之一亮，終究會回到成功的路上。負面的力量牌則會過度依賴或炫耀自己的力量，把力量放在展示上，容易招來別人的攻擊或利用，一旦發現能量之流，只剩下力量牌的付出，就該是時候改變作法，當機立斷，保護自己成功的力量，保留自己最重要的資產，就是想要成功的那份心意，終有一天能夠享受自己甜美的成功果實。

9
隱者The Hermit：
被追逐的愛——達芙妮（Daphne）

◎在希臘神話中作為：

河之精靈，代表環境的整潔與秩序，才能在河床誕生下美麗的精靈。就像是處女座的能量，讓我們學會規劃與整頓，學會表達我們的真心愛意，散發著規律的深藍色，以及帶給我們粉紅色的愛護能量。

◎父母、配偶：

父親——河神，在達芙妮心中，父親佔有重要的一席之地，被視為重要的榜樣。

母親——達芙妮沒有公認的母親，代表他與母親之間的平行生活軸線，彼此不干涉太多，彼此尊敬。

配偶——沒有公認的配偶。

◎代表聖物：

桂冠——代表精神上的純潔與堅持，崇高的自制力。

水流——洗滌心靈，將混濁的思想退去，剩下清晰的視野。

◎象徵意義：

達芙妮象徵對於靈性發展的熱愛，並象徵完美的、服務的、整

潔與秩序的生活，也具有自學、自我訓練的意義。

♍ 處女座

整潔與秩序：要求完美、批評自己也批評別人、強硬苛刻。

身體與健康：健身、減肥、健康餐飲、健康食品、藥品、按摩。

往靈性前進：整合心靈、破除盲點。

服務別人的善心：慈善、公益事業，擔任志工、服務特質強的
工作，例如幫傭。

頭腦縝密：寫作分享、文學人士、統計或規劃、電訪員、心理諮
商、印刷、排版、理財專員。

占星後天宮第六宮

健康食品、健康狀況、工作狀況、受人指引的處理方式、日常
生活的態度、生產力、工作的發展、工作穩定度。

身體部位

腸胃系統、脾臟、膽囊、肝臟、腎臟 。

◎簡介：

達芙妮生於河床，並發願宣示要追隨月神的腳步，好學與喜
於表現乖巧的他不斷告誡自己，卻在艾洛斯惡作劇之下，遭到
阿波羅的追逐。因苦於不能貫徹自己的純潔之身而要求被變
成樹木回歸自然，靜靜地度過餘生。

◎能量運行：

占星學對應處女座能量。神話流年碰到達芙妮，代表你會嚴以看待特定的事情，並深深地自我要求，嚴以律己，成為該領域的好榜樣。也代表會想要服務大眾，追逐自己心中的道德典範，樹立德行。

希臘神話占星塔羅：
達芙妮、處女座、隱者想要的寧靜與真理

達芙妮是一個有自己想法的河之精靈。他是很漂亮的女人，不喜歡打扮，每天奔走於森林打獵、享受自然的環境，以最自然的樣貌為人所知，是一個即使不精心打扮都能散發特殊氣質的人。達芙妮對自己有嚴格的處女情結，渴求自己的生命能夠以完整純潔的樣貌逝去，因此反對所有的愛情與婚姻。有一次太陽神阿波羅與愛神艾洛斯彼此爭執誰的弓箭才是最具神力、最應該得到尊敬的，艾洛斯因為被看不起，而開了阿波羅一個玩笑──把充滿對愛渴望的金色之箭射往阿波羅的肩膀，讓阿波羅陷入熱戀的準備，熱烈地愛上第一眼看到的女人；再把充滿冷淡灰暗的鉛箭射往抗拒戀愛的達芙妮身上，於是開始了一段無辜的愛情追逐。

阿波羅基於天神的神力超越了精靈，任憑達芙妮想要掙扎抗拒，卻跑不過阿波羅，最後達芙妮在自己的純潔即將被玷汙而絕望之時，對著生長出自己的小河哭喊著，「請給我奇蹟吧！讓我失去我的美麗吧！讓我不再擁有美麗，只擁有純潔吧！」奇妙的事情

發生了，河之精靈達芙妮身體逐漸變形為月桂樹，而阿波羅在傷心欲絕之時，對著無法給出任何反應的月桂樹承諾，既然不能相愛，那麼他將從此以月桂樹代表自己的忠貞與榮譽，「我的福祉將透過月桂樹澤披凡人，我的箭囊、我的豎琴、我的勝利、我的成功，都將會有你的影子」。

　　傳說中的月桂女神達芙妮，其實是在神話當中的一位精靈，他的父親是一條清澈的河流，每當夏天到時，河水潺潺地流動，發出美妙的聲音，鈴鈴地水珠聲襯托著這位清新脫俗的美女。雖是精靈，他卻有著不一樣的堅持，面對著愛情與自己的命運，他想要透過自制力創造更高的價值。

　　我們在先前提到赫斯提亞的時候，說到希臘神話當中的三大處女神——家庭守護女神赫斯提亞、智慧女神雅典娜、月神阿媞彌斯。尤其以月神阿媞彌斯的曼妙婀娜、清新自然、無懈可擊的清澈最為人景仰。達芙妮便是對著他所景仰的形象，投以面對偉人傳記般地偶像崇拜。於是阿媞彌斯拿著弓箭，在森林裡奔跑著，不接受愛情，心裡將愛情視為最崇高的關係，而對於低俗以及不與靈魂相觸的感情覺得無趣……超級粉絲達芙妮欣然接受這些概念，也身體力行著。達芙妮不擅長作戰，也並非擁有女神的能力可以呼風喚雨，有的是一個虔誠的心，這該有多重要呢！好比一個堅持到底的信念、一個長遠的目標，能夠成就自己覺得自己更棒、更脫俗。達芙妮類型的人，不是盲目的崇拜，而是相信某些信念更為重要，而讓自己在某些部分相當地自制，強烈到許多身旁的人都能夠感受到那股不放棄的堅持。

　　另外這位名字優美嬌柔、聽起來還以為有公主病的女生，其實非常刻苦耐勞，尤其是環境認為他們應該不能吃苦，或者對他們有所歧視、壓榨、偏見的時候，會有一股強悍的力量，為了證明最基本的尊嚴而不能受其影響，拚了命的，證明別人的欺負是錯誤的，只有努力才是真的，這就是達芙妮。

　　達芙妮相信事情有最正確的一面，所以會選擇一個保守、安穩的狀態，這也讓他們感受到一股安全的暖流襲來。達芙妮天生能夠吸引許多愛慕者，但對他來說，最重要的是，發現一些簡單快樂的事情讓自己無比幸福，這時心境也會開始轉變。原本對是非看得相當清楚的視線，會因為幸福的淚水而能夠允許一些出入。這樣的達芙妮變得無比的溫柔，這種轉變，只因為遇到了一個不讓他受傷、願意為他無私付出的人，而值得讓他付出最真誠的愛。

愛情觀：「別問我愛誰，你是我的幸福嗎？」

　　達芙妮尋尋覓覓，想要得到一個善待，只怕是敷衍的交代。對達芙妮來說，愛情必得是一個極有隱私的狀態，談戀愛應該要有法律保障不能被其他人觀看褻瀆、不能被流傳、不能被虎視眈眈。他們要的安全感不難，就是一個「隱」字。隱藏一股吸引人的目光，這是達芙妮最最需要的安心感覺。

　　達芙妮不問名分、不問卑賤、不問任何多好的待遇，他們比你想像還要簡單得多，若用心與他慢慢相處，會發現他們永遠都不會變，因為習慣與耐力，讓他們堅貞專一地守護感情。若想提高他們對你的興趣，就要讓他們感受到你真誠不變的心，規律性、說到

做到、主動設想,便能夠獲得一定的信任感和好印象。達芙妮要的很簡單,是一個願意不管他是悲是喜,都能夠把他捧在手掌心的承擔,有這樣自信與心意的人,請向達芙妮報名面試專線!

大罩門

不能跟達芙妮耍白目。基本的禮貌一定要遵守(除非你是家人,他們很愛家人),所有約定好的規則不能輕易更改,想要與他們一起做事,許多決策即使不問過他的意見也不能忘記報備,讓他們有心理準備。讓許多事情在條理當中,是相當重要的。不能說謊、不能拖延、不能做不對的事情,彷彿是活著的「愛的真諦」。但他們不是真的那麼嚴格,有時候也會有一些小調皮,只要在自己的觀念當中不算罪惡,還是有機會看到他們小叛逆的時候。只要別因為某些錯誤而延誤了達芙妮的任何事情,也別在他心煩的時候惹出小風波,達芙妮平常矜持的情緒,也是有忍耐限度的。

自我修復的力量

讓自己邋遢一下,小小放縱一下,不必化妝、不必裝扮……這對達芙妮來說是一種很好的發洩,只要不在別人面前表現出來,都能夠讓達芙妮在一個安全的範圍當中抒發一下心情。畢竟達芙妮是一個相當矜持的人,撐久了是為了在社會形象上立足,也不允許自己耽擱到任何一個人。

神話與占星、塔羅深入探索

處女座是心思最細密的人，有危機意識，追求完美，因想要有好結果所以會付出所有努力，做事態度、過程也都很精細，是生產力的最佳典範。處女座也很聰明，有很棒的品質管理能力，頭腦動得很快，所以每件事情都能用最快的速度做完檢查。處女座的創造力，是一種與生俱來的直覺，能夠感覺到事件的成敗可能性，能夠覺察到小地方的不對勁並改進，實行的能力很強，訂立好計畫就能按部就班地做。在勞心勞力工作以後，因為自己很棒、很獨特，所以跟別人會產生距離感，但希望自己也能與其他人一般親近，可能會選擇放棄成就，或者放棄親近的關係。在任何狀況下，若無法為自己找到解決辦法就會挫敗。處女座為自己的生命負責而做好自己分內的事情，也在未來與事業上肯定自己的方向，他們想要追求物質與人際關係的美好，建立自己的家庭與領土園地，有自己的圈圈。找到人生目標以後，會馬不停蹄地往上爬。

處女座的狀況容易感到寂寞、缺乏人情味、太過形式化而少了變通性，但處女座的品質是很好的，與處女座能量相處，要認同這份美好，這是高品質的能量。處女座本身容易在情感關係不滿足而心神不寧，心情沮喪，但他們的生命是要經驗高品質的歷程，也代表情感伴侶、朋友關係必需謹慎挑選，代表他們能在高頻率的狀況中，學會愛人也要學會被愛。對方也很棒，能夠愛處女座，這就能建立他們想要的理想關係。

　　隱者追求真理，站在客觀的角度探索事實的真相，所以不會輕易地與人和諧的涉世。對於精神或某些物質層面執著，於是想要感化別人、把自己脫俗的智慧真理傳遞給他想傳遞的人，於是碰撞到別人的界線與別人的我執。隱者自己也有自己的執著，就是追求真理，於是過多的放下人性，平靜則已，一旦再放下凡人的性格，想要傳遞自己的真知灼見，就會讓其他人的戰爭延燒到自己身上，就像達芙妮平靜的生活因為阿波羅與艾洛斯的爭鬥遊戲，一下子改變了人生的純淨。隱者對簡單的生活更感興趣，而對其他人心靈有許多想伸出援手的想法。必須改變這樣的動機，認識自己比其他人還要更平凡，不想追求卓越，享受在自己的平凡裡，才有更多的力量在生活中勇於扮演自己的角色，與別人互不碰觸。

　　用自身典範讓其他人願意追隨隱者的腳步，不需要向別人呼籲自己的想法。最棒的辦法就是不對與自己對抗的意見起反應，與其爭論或說理，不如把不置可否的爭論放在一旁，更加專注在自己的想法上。所有隱者在別人眼裡都是很特殊的形象，充滿道德感與付出的胸懷令人感動，正面的隱者代表深知人性並且有標準的榜樣讓人跟隨，負面的隱者容易因為過度的同情心或過度承擔而削弱自己的力量，成全別人的需求，為別人盡力付出不計回報；隱者有兩種生命模式，也可能會在正負兩個面向同時進行。

10
命運之輪The Wheel of Fortune：
天神——宙斯(Zeus)

◎在希臘神話中作為：

奧林帕斯山的最大天神，掌管雷電，也是雷神。代表有力的資源，也代表一個正在學習中的領導者，學無止境。行動力強、喜歡戰勝的感覺、是一個有遠大抱負的人。就像是占星學中木星給我們的能量，一種沒有上限的進取能量，讓我們看見自己的偉大，像是綠色呈現的寬廣格局，猶如森林般的豐富資源。

◎父母、配偶：

父親——克羅諾斯，宙斯推翻了自己父親的政權而成王，與父親之間既是權威與成功的傳承，也是互相較勁的關係。

母親——瑞亞，宙斯得到自己母親極大的期望與關注，也下意識想讓母親以自己為榮。

配偶——最後確定為宙斯正式妻子的是希拉，還有其他故事提及的妻子，代表宙斯在婚姻上尋求輔助與被支持，能夠成就自己，需要表現的舞台。

◎代表聖物：

老鷹——學習能力極強、對於渴望的事情履行程度極高。

天鵝──纖細、敏感的愛情。

權杖──受到矚目、獲得其他人的擁戴。

閃電──代表豐盛、富裕、迅速的成功。

◎象徵意義：

宙斯象徵王者，統御一切，霸氣十足，令人折服的胸襟與威嚴。宙斯的感情世界相當敏感與想要得到認同，象徵著強悍外表下的柔情。

4 木星

福氣的表現：智慧、善有善報、生命格局放大與改變、繁榮豐盛的能量。

心靈的拓展：精神層面提升、哲學性的思維、信念與相法很堅定、慈善與宗教

偉大的紀律：高等教育、異國文化的洗禮、從歷史、宗教與法律學習道理。

偉大的氣度：正直的個性、帶給別人幸福、很有正義感、博愛與大方、樂觀進取。

偉大的負面表現：得意忘形、自以為是、放縱自己、極端主義。

身體部位

肝臟、大腿、腿部疾病、脂肪、腦下垂體、血壓、排毒機能。

◎簡介：

宙斯誕生在富裕友善的環境，獲得許多豐富物資的照料，並在

祥和當中學習生活技術。有時候宙斯象徵父親給你學習的機會，因此與父親之間的緣分或長或短，都影響深遠。宙斯在現實生活當中象徵心靈成長，是落實在現實生活的慈悲者。

◎能量運行：

占星學對應木星能量。神話流年碰到宙斯，代表會獲得豐富的資源、發展的機會，並且取得眾人的愛戴與認可，是自然而然成為核心人物的能量。也代表碰見幸運的事情增強生命的機遇，這時把握機會將成為成功關鍵。

希臘神話占星塔羅：宙斯、木星、命運之輪

泰坦領袖克羅諾斯接收到神諭將來會有兒子推翻自己的政權，於是每生出一個兒子就吞掉一個，直到宙斯的母親不想再犧牲無辜的生命，而以石頭假冒是剛出生的嬰孩送給克羅諾斯吞食，而同時又懷著身孕遠離克羅諾斯的監視，偷偷產下宙斯。那裡的仙女對宙斯的成長給予極佳的照顧，給宙斯豐富的牛奶與蜂蜜，滋養成長變得茁壯。宙斯的成長歷程充滿了驚險，由於他天生的神力，讓他自嬰兒時期就充滿了力量，需要許多仙女使用法術固定住他，並且授予他幸福與愛，宙斯就在這樣的環境下長大了。當他長大之後才明白自己的身世與使命，當宙斯準備好了，就回到克羅諾斯身邊，假裝是他的侍衛，利用好幾年的時間，在克羅諾斯的飲食裡放入了催吐藥物，直到藥劑的量累積到發作的程

度，克羅諾斯就一舉把曾經吞食的子女們吐出，希拉、波賽頓、黑底斯、赫斯提亞、狄密特，以及吐出曾經誤以為是孩子的石頭。宙斯成功關押克羅諾斯，並且站上了掌管世界的舞台，天神出現了。

如果所有天神都可以各自比擬為一朵特別品種的花，那麼宙斯就是一座百花怒放的花園，他所象徵的版圖遼闊，不僅僅是他的胸襟（也是得視他的心情好不好），也包含蘊藏在他體內的潛力、爆發力，以及格局的不同。身為天神的宙斯，不能不提到那個高漲的權力與正面的人生觀。宙斯在故事當中還沒出生就被安排到最安全的地方避難，直到出生、長大成人、擁有足夠的力量以後，歸來取得王權，從此之後百花百樹百神都往宙斯的權力靠攏，是三個神話世代以來最齊全、也概括最多天神的一個世代。

從這邊看，宙斯是一個擁有絕對掌權慾望的人，但具有相當的內涵，通常都是以廣闊的胸襟令人信服，搭配上相當集中的精力投入要務當中，又快又準的工作效率讓許多人望塵莫及。即使是初來乍到的一位宙斯，在工作表現上都能夠很快上手，他們只是鴨子浮水，不是那麼無所事事以及無所警惕。宙斯相當有生存概念，形象能夠維持得漂亮，屬於社交高段的類型。

然而宙斯在故事當中，感情上與許多人互相地連接，現代宙斯未必如此，不代表他真的花心，而是他既需要被占有，也需要自己做決定的空間。在感情當中經常選擇的有兩種，一是自投羅網卻不被愛著，二是對方的擠迫盯人讓他備感壓力，卻又不忍心掙脫。直到一個與他相愛的人出現，感情當中不玩階級遊戲，就能夠斷開在感情當中互相埋怨的纏綿。

　　宙斯與許多動物也很有緣，象徵意義當中，宙斯曾經化身為許多不同的動物，如果剪輯成一本相冊，可蔚為一本動物圖鑑（雖然許多時候他變成動物都不是正經用途，較常為「獵豔」所用，宙斯的花心在神話當中真不是蓋的，但在現代而言，他們只是希望自己符合一般水準之上，至少能夠安下心來）。現代的宙斯相當具有憐憫心，同情可愛弱小的人事物，所以喜歡不留餘力地照顧、呵護，當然也包含必要的訓練。這樣溫柔的力量是宙斯最吸引人的地方，不管在哪一個層面都能因為這樣的內在力量而發光。

　　宙斯不知不覺會有種權威型態出現，他們說話可軟可硬，但你會發現在立場上他們是很堅定不移的，比方說當他們還沒有決定要結束話題以前，主要氣氛都會圍繞在他想談論的話題上；不能接受含糊不清，所以總是能夠打破砂鍋問到底，這個初生之犢不曾嘗過敗仗，所以現代宙斯如果經歷了吵架、風波、誤會，而居於受害的一方，便會不知所措，誰知道事情不會按照他所想的進行呢？這太不符合邏輯了！

　　宙斯從充滿仙女精靈的奶與蜜之地出生、滋養茁壯，擁有相當富有的靈魂，能發揮自己的所長並專注於想要進行的事情。他能夠將工作變成興趣，做上癮了，就是光芒萬丈的時候了。

愛情觀：「沒有最愛的人，只有最合的人」

　　年輕的宙斯類型反覆經過幾次無悔的愛（實際上很後悔、很惆悵）以後，開始學習成熟地面對感情，他們會發展出一套機制，

將愛情視為長期賽跑，現在不美滿不代表未來會不融洽，他們保持著樂觀，保持著開放性與觀察力。他們需要一個徵兆，就是對方需要照顧他與他的家人，更要融入他的生活圈。

在神話當中，宙斯是生命大翻轉的指標性人物，從被追殺的叛國子弟到一手建立新的天神榜，他們在歷經百戰之後就只需要一個願意默默守護的對象，能夠稍微容忍他們急躁任性的毛病，偶爾吵吵架，長久下來看，還是能夠安心地度過每一天，這樣的平淡是現代宙斯心裡最想要的，因為他們再也禁不起任何的失去了。

大罩門

請記得曾經跟他說過什麼話，因為他們是那麼地相信你、那麼地願意與你溝通、願意與你琢磨一件事情。但是如果你是以無理的態度、蠻橫的口氣回嘴，那麼這個合作就破局了，應該要以互助合作的概念；如果他原本想要與你維持良善的關係，會因為無理的態度而瞬間反悔。

宙斯的最後底線就是不能夠前後說法不一、不能夠以前說好現在說不好，長久下來要維持一致，如果要換答案必須完善地交代事情原委，這樣才是一個對待珍惜你、照顧你的BOSS的態度。宙斯相當堅信以理溝通是很重要的，如果是吵架或者狡辯的態度，而且前後是沒有邏輯道理的，就換宙斯不客氣了，一樣拿出打破砂鍋問到底的方式，讓你感到羞愧。

自我修復的力量

宙斯很有國外緣，不管是外文、航空飛行、渡輪過海、留學、或是心生嚮往而主動學習國外事物等，宙斯就是這麼有容乃大，至少在學識上是如此。所以當宙斯進入負面的思考模式或是精力疲乏的時候，最適合讀書、看國外影集、看看異國風景、了解異國相關的事情；甚至可以吃來自其他國家的美食，都能夠讓宙斯覺得能量開始慢慢轉變。

宙斯也是需要偶爾擁有獨立空間的人，在這個獨立空間與時間範圍內，他可以盡情做自己喜歡做的事情。如果經濟許可，安排一趟旅行給自己也是相當不錯的選擇。

神話與占星、塔羅深入探索

木星在占星學上代表幸運、擴張的能量。當木星進入生命的重要事件當中，代表天生就能在這些劇本或領域當中，得到照顧與好處。比如他相信自己會成功，有很樂觀的心態，或是不知不覺有許多人的支持與幫助，而環境支持一個人成功，讓他在渾然不知的情況下就克服了許多障礙。種種都代表一個人發自內心的相信自己會成功，就能有好能量。木星所在事件當中，代表一個人運用相同氣氛與形象的性格，在那個領域有許多助力，幫助他達到意想不到的成功，或是他看淡這些成績而別人卻很羨慕。木星代表天生就有的很棒的能量，父母給予的好資源、生活環境優渥，或是透過自己的努力與際遇找到好機會，也有可能是伴侶、戀愛

運天生就很棒。有的人很特別，是在靈魂成長與靈性、神祕學的道路上，有很好的際遇，靈性成長比同年齡的人還要棒。

命運之輪代表幸運的擴張，代表得到滋養而感到幸福，生命的創造力在許多人的祝福與期待之下，圓滿地達成任務。命運之輪跟集體意識有關，越多人相信你有好的收穫、你會得到福報，就會真的成真。個人想要走進命運之輪，就要服務整個集體意識，累積良善的業力與能量。業力有分好壞，命運之輪的計算方式是良善的業力與幸運的源頭，但人一旦願意將自己的負面業力改頭換面，並且為自己的過去悔改與進步，就能得到更多的良善業力。看到命運之輪，你只要謝謝自己做對了什麼事情，讓自己得到這麼棒的福報，你創造了自己的成功！負面的命運之輪代表正在累積自己的良善業力，你可以讓自己更樂在其中，好運也即將到來。

11
正義The Justice：
智慧戰神——雅典娜（Athena）

◎在希臘神話中作為：

智慧神，掌管頭腦的一切，知識、學問、思考、公平正義等，也與道德、社會公益有關，另外也掌管音樂、園藝等生活品質相關的技術。如同天秤座讓我們學會規律，也學會品味美好的事物，彷彿藍色與金色相間，讓我們同時保有理性與品味。

◎父母、配偶：

父親——宙斯，自己對父親有很大的影響力，習慣成為關鍵人
　　　　物，偶爾會小看自己父親的能力。

母親——茉堤斯，是智謀女神，協助宙斯打下天下，雅典娜與
　　　　母親之間有互相較勁、謀對謀的模式。

配偶——沒有公認的配偶。

◎代表聖物：

黃金戰甲——代表戰無不勝、對自己廣泛精熟的知識感到驕傲。

◎象徵意義：

象徵無雙的智慧、聰明的頭腦，也是手眼靈巧的天神，對於手

工藝、時尚眼光也有獨到的品味。當意識成長之後會有好鬥的傾向，喜歡以高格調、高技術的方式戰勝他人。

♎ 天秤座

理性的一面：追求理性、擅長與人交涉、外交能量、醫學美容。

品味的一面：追求獨特、提升生活品味、流行時尚、美的能量、精品相關。

表現品味：服飾業、時尚相關工作、公關特質強、時尚的活動、優雅的表演、香水香氛、彩妝美髮、造型、精品業。

展現美麗：個人房間、美容沙龍、精品SPA。

占星後天宮位第七宮

合夥、配偶、結婚、離婚、伴侶或你對立的對手、契約關係、合作的關係狀況、法律關係、配偶關係、你與對手勁敵的關係，投射的心理狀態。

身體部位

腰部、腎臟、排毒系統、腎上腺素、腰部脊椎、膀胱。

◎簡介：

雅典娜從自己的父親宙斯頭顱內誕生，展現他氣宇不凡、不認輸、不認命的驕傲，他對自己相當滿意，戰無不勝，被榮稱為女戰神。但雅典娜相當重視格調，對自己言行舉止要求也高，是驕傲又善良的女神。

◎能量運行：

占星學對應天秤座能量。神話流年碰到雅典娜代表智慧與知識的成長，也代表技術的熟練、不為人知的辛勤努力。他偏好鴨子浮水，看起來要優雅、同時在背後努力練習增進自己，是一個內在醞釀與進步的能量。

希臘神話占星塔羅：
雅典娜、天秤座、正義是一種美德

　　宙斯在一次的外遇事件接到了神諭，說明了外遇事件的產物──一名女嬰將會造成宙斯政權的震盪，慌亂之下宙斯連同外遇對象聰慧女神一口氣吞進了後腦裡，但從那天開始宙斯就無時無刻頭痛欲裂，最後找來火神賀菲斯托斯幫他打開頭蓋骨，一名武裝的女神迸出來了，也就是智慧戰神雅典娜。雅典娜是女戰神，充滿智慧，全身穿著亮麗的盔甲，並且同時擁有精巧的戰術與高深的生命哲學，懷有超越其他女子的美貌，讓雅典娜始終自豪於自己的天賦優勢。雅典娜與戰神艾瑞斯曾經一言不合打了起來，艾瑞斯原先的自信滿滿，在雅典娜許多戰術與引誘使力的方法之下，吃了一次敗仗，更增添雅典娜的風光。雅典娜對人類的貢獻還有更多，紡織、笛子、造船、保護城牆、守護人類生命安全。雅典娜是神話當中少數的處女神，是除了阿媞彌斯、赫斯提亞以外的第三位處女神。

　　從父親活生生的頭顱光彩誕生的雅典娜，是典型的頑強分

子，在群體生活當中擁有自己的主見，並且是好善嫌惡的類型。雅典娜類型的人一生當中在智力上的點辯，以及心靈上的平和互相平衡，有時太聰明導致事情一下子看到是非對錯，心裡已有定論就很難更改，通常人際關係會有固定的界線，好友人數也有一定的限額，額滿便不再開放。

而有時候，雅典娜又容易心軟，心想：對呀！他們也有難言之隱、他們也很辛苦、他們也很寂寞、他們也很需要幫忙……。他像充滿慈悲的菩薩，卻放不下法律、醫學、心理學、文學等多料博士的頭銜，這就是雅典娜的內心世界。

在神話當中，雅典娜是一名非常美的女神，身穿黃金盔甲，卻無法掩蓋他本身的魅力，其金色盔甲是一個象徵──他既不會妄下論斷，也不會輕信他人的謠傳，是一個眼見為憑、單向思考、擇善固執的人（這個善當然是以他們自己的主觀認定為主！）。雅典娜內心深深相信世界有真理，在真理面前，誰都不許犯錯而佯裝沒事。雅典娜相信賞善罰惡的概念、極富正義感，因此經常看見雅典娜對於犯錯或是不正確的事情，義正嚴詞地指責並要求給一個清楚的交代，而當他們得到想要的，其金色盔甲就不具任何防護力，他們就會開始展現很友善的一面。

雅典娜對於別人的行動、言論、態度、思考、品味、外型等等，都很懂得品頭論足，也相當在乎別人的這些條件是否符合自己腦內的架構。比方說，如果他們喜歡文靜的人，那麼他們身邊的朋友會清一色是這類型的人。如果有太聒噪的人想打入這個朋友圈，雅典娜會刻意制止，因為他需要一切有條有理，如果不能井然有序，那麼生活怎麼還能夠算是生活呢？

這也是雅典娜與其他女神諸如前面提到的希拉、愛弗羅黛蒂等不一樣的地方，雅典娜更偏向擁有高品質、精緻的生活，這意味著每一件東西都是寧缺勿濫，包含朋友、感情、工作、衣服……每一樣你能夠描述的選擇。雅典娜在充滿誘惑的希臘天神世界保持處女之身，除了性格上的純潔以外，其實也與他要求最高品質的純潔性格有關，而希臘天神們其實是人類野性慾望的翻版，自然難以找到十全十美的人。

愛情觀

雅典娜在故事當中不介入愛情故事，但現代雅典娜是很相信愛情的，而且他們相信也只信仰長相廝守。所以他們會希望了解對方的愛情履歷，曾經有過什麼樣的對象、曾經有過幾段、為什麼分手、以前的對象都如何……他們會變成全能徵信，如果要取得他們的信任，不妨用輕鬆的方式簡單地聊到過去的幾段感情，但記得不要提及性，以及你有多愛或多遺憾，但他會相當樂意聽見你提及從前對象的不好──但也不要批評過度，那會讓他覺得你愛過就能忘，也不會多指望你與他真心誠意地相處一輩子。

但記住，他們要一輩子的，所以諸如交往前就知道未來有可能分隔兩地，或是有一些太明確的觀念不同需要磨合，那麼他們相當可能原地放棄，畢竟因為一段磨合的感情而讓自己不快樂、還不能投身花花世界供人欣賞（雖然他們感情矜持，卻不反對別人示好，這代表行情好，可以作為抬高自己身價的方式）。

雅典娜的愛情很專一，也會顯得平淡，他會非常迅速地進入

老夫老妻制，別忘了這是他們一開始的信仰，也是一輩子的信仰。

大罩門

　　騙他、沒有反省、不覺得自己有錯、振振有詞……，這一連串的態度會讓雅典娜幾乎無法諒解，並且你在他的眼裡會成為一個很低級的人，因為雅典娜的心裡會區分人的階級，以品行來分，一旦被歸納成低級的人，便很難在他的眼裡翻身，除非未來你能夠以幾種現實的身分——比方說你很有錢、很成功，同時要搭配你是相當有力量、愛幫助別人、慈善家等等，想要翻轉形象不僅是要討好嚴格的雅典娜，還要讓他看到你對這個社會有貢獻，他才能發自內心地認定你走向光明面了。

自我修復的力量

　　前面提到他喜歡精緻的生活，每當需要更多力量，就代表雅典娜得深入心靈去處理。因為活在花花世界，每件事情都必須用腦袋來思考解決辦法，所以往往精疲力盡，這跟他平常順暢地往返頭腦與心靈之間的原理違背了。因此當雅典娜需要充電之時，就是心靈需要解放之時。建議雅典娜能夠接觸瑜伽、心靈課程、信念管理等不一樣的課程，讓自己的心靈能夠放輕鬆。另外雅典娜其實也對能量相當敏感，所以花草茶、水晶等能量也會有很棒的影響力。

神話與占星、塔羅深入探索

天秤座是風象星座當中平易近人的代表，盡可能壓低自己的姿態，與人和諧共處的星座。天秤座的象徵符號是天秤，代表和諧與和平合作，擁有儀態與表現都很溫和的能量。優雅的天秤座自然展現的高貴氣息，能夠將人與人之間連結在一起，鼓勵大家分享自己的優點，擁有分享的能量。對於好壞能夠明辨是非，會選擇要去批判別人，或者是自己知道就好，適當地保持距離，有很強的感覺好壞的能力。

天秤座必須學會處理自己與對待別人，將自己與別人、友善與對立、親近與陌生、喜歡或討厭，在二元衝突當中求得平衡，並且權衡優點與缺點，整合出一套說法；要很細心地體貼別人的狀況，要有慈悲與同理心。

天秤座有時覺得自己很纖細敏感，自己在意的事，別人好像不在意，所以害怕被別人傷害，會覺得不被理解、沒有得到尊重、很難與人溝通，這時會開始對人無法理解與不信任。穩定自己的情緒後，會發現原來人與人之間是信念的遊戲，在信念上沒有誰能傷害誰，所以學會保護自己，面對人也更有自信。

天秤座本身具有攻擊性，但會經過衡量再決定要不要對別人發動攻擊，其實可以收斂轉變成善解人意、聰明機智的社交專家。天秤座吸收太多人的能量，接收了情緒上的負能量，但不願意發洩，擔心會造成別人的負擔，所以否定自己，讓自己不愉快，最後要回到皇后牌對自己深具信心、整理自己的立場，轉變為願意分享也願意提供觀點，避免攻擊與受害。

正義牌連結到雅典娜的正義之美。包含了女性的美、知性的美、清澈判斷力的美。正義牌代表在是非對錯中，自己良知會引導你做出最棒的決定。真正的良知決定在於你自己，而不是環境、道德告訴你該怎麼做。正義是關於你個人方正的道義，尊重自己能得到更多的力量，自己是自己的主人，是自己思想的造物主，雅典娜在自己的思維裡做出任何決定，他扮演智慧的女戰神，卻允許自己因為爭論美貌而引發戰爭，這是雅典娜的個人價值與個人正義，他不輕易妥協於別人的削弱。

在當下的現實，你會面臨到是非對錯難以判斷，甚至更傾向於嚴禁自己犯錯，而過度監視審核自己的「乾淨程度」，並且對於他人的言語有過度依賴與吸收的狀況發生。正義牌最終回到自己的身上，讓真正的道理從自己內心湧現，當你感覺到有一個答案如此地有力量，而不是因為別人明示或暗示你才出現的答案，那麼你就在正義當中，是一個對自己的高我充滿崇高尊重的正義。負面的正義會為了防衛自己犯錯而嚴正指證他人，只有在重新認知到每個人都有自己的正義，而應該設法創造和諧的共識與解決辦法，才能回到最核心的正義。

12
倒吊人The Hanged Man：
大海之神──波賽頓（Poseidon）

◎在希臘神話中作為：

海神，掌管與海有關的一切，現實生活與所有水相關的事物有關，也象徵我們情緒化的一面。猶如海王星交會著我們的慈悲心與同理心，當我們感受到別人的情緒，我們連結的事觸及更深層的直覺，這是靛藍色的能量。

◎父母、配偶：

父親──克羅諾斯，波賽頓在故事中因為被父親吃掉而失去了一統天下的機會，潛意識當中會對自己的父親充滿矛盾，很愛父親，也很依賴父親，會反抗父親的傳統思維。

母親──瑞亞，與母親的連結較淺，容易覺得自己不受寵愛，潛意識中會害怕母親遺棄自己。

配偶──沒有公認的配偶。

◎代表聖物：

大海──海洋象徵情緒，相當看重自己的情緒、感受。

三叉戟──對於想要的事物有必定取得的決心，也象徵衝動與積極、奉獻的心情。

◎象徵意義：

波賽頓是一個感性與直覺強烈的人，他的藝術領略力相當高，代表與大眾流行文化連結。也象徵情緒感受強，行事容易情緒化，心靈容易受傷害。如果可以將欣賞藝術、創作藝術、表演藝術當作情緒出口，則會有優秀的作品出現。

♆ 海王星

藝術家性格：一觸即發的敏感、容易意氣用事、虛幻的理想、憤怒的感覺。

理性與感性兼具：有慈悲心，有時候會過度溺愛受害者而導致對方失去生活力量、產生依賴感。

我們的連結：集體意識、群體的需求、流行文化。

與海洋相關：海生館、海洋、海邊、海水浴場、鹹水湖、海產、漁港、潟湖、島嶼。

身體部位

傳染疾病、血液、慢性疾病。

◎簡介：

波賽頓原先是克羅諾斯所生下的第一位男性，他本來是大哥，但因為被吞食，而後才被長大的宙斯救出，因此被迫將老大的位置讓賢，讓他產生了自卑與被剝奪權力的感覺，也是內心容易受傷的根源，害怕屬於他的都會離開他。

◎能量運行：

占星學對應海王星能量。神話流年碰到波賽頓與藝術領略力有關，也是富有直覺、會突然想起許多靈感的時機。這時候適合整理自己的情緒，好好想過從前受傷的回憶，在心中撫慰自己，將自己視為創造成功的人，走出過去的陰霾。

希臘神話占星塔羅：
波賽頓、海王星、倒吊人的無為上進

宙斯推翻克羅諾斯以後，波賽頓分配到掌管所有河川大海的海神位置，但他更有野心地想要佔領不同國家與領土，超越了自己的職權所在。海王星代表沒有疆界與沒有邊線。就像海王星與其他水象星座、倒吊人、月亮牌所代表的，海是無邊無際、隨波逐流，但卻暗藏洶湧。所有具備海王星能量的人都會在有意無意當中，無形地傷害到別人而不自知，因為在某些規範內不清楚自己是刻意還是無意的。

波賽頓對愛情充滿憧憬，也曾經熱烈追求愛弗羅黛蒂與雅典娜，都宣告失敗，之後與梅杜莎產下了帶來悲觀的天神。在一次波賽頓與雅典娜的爭吵當中，兩人比較誰的影響力大，雅典娜發明了橄欖油，而波賽頓帶來了大洪水，自然是雅典娜取得勝利。梅杜莎為了替自己的丈夫報仇找上了雅典娜，但雅典娜身為女神，不容許受到不公平正義的對待，就把梅杜莎的髮絲變成了許多蛇，而波賽頓的妻子就因為不服輸的理由頂著一頭「蛇髮」至今。

　　猶如大海一般，時而淺顯易懂、時而暗藏洶湧，身為海神的波賽頓，隱隱約約能讓人感覺到他們的情緒，但總是撲朔迷離，有時候，其實連波賽頓本身都覺得自己的情緒來得太複雜，只好渾渾噩噩地置身其中。這倒也不是壞事，他們很能和自己多變的情緒相處，甚至能夠享受其中，經常能以不同的角度看待同一件事情。然而，波賽頓並不要求他們的思緒二十四小時都要維持在清醒狀態，他們想要該醉當醉、偶然的清醒作為調味劑，二十二位天神當中，就屬他最浪漫詩意。

　　波賽頓在故事當中，運氣沒有宙斯那麼好，所以即使身為宙斯的哥哥，卻也得處處服從宙斯強烈的影響力，這讓善妒、渴望獲得權力的波賽頓感到不滿。

　　波賽頓有多需要權力呢？其實不然，波賽頓類型的人可能容易被虛榮的表象吸引，而在人生當中做出某些決定──是關乎別人怎麼看待他們，而不是自己想要怎樣就怎樣。既然人生在世，百分之九十九都無從影響別人怎麼看，對於波賽頓來說，生活就有許多難以向別人解釋的狀況，尤其是關乎自己情緒狀態的問題。由於他們自認為自己的思緒太複雜，甚至自己也未必能夠駕馭並了解，於是他們發展出一套機制，還沒先了解自己情緒以前，就以一種超然的理智作為判斷標準，這是為什麼有些波賽頓非常情緒化，但在看待某些重要的事情時，卻能夠有條有理地將事情處理清楚。

　　波賽頓終其一生都需要一個最美的幻想，不管在工作、感情、生活品質或是社會定位，其實他們真的很夢幻，比如身為連續劇或言情小說迷的波賽頓，會希望自己能夠穿著制服，每天敬業的

上下班，偶然地遇到適合自己的對象，平淡幸福地度過，因為言情小說已經滿足了他們的幻想，接著只需要在生活當中找到一些線索，告訴自己：「我跟小說當中的美好情節一樣」，他們就會非常幸福。另一種高等級的波賽頓，他們會畫出美好的理想人生藍圖，不僅僅把單一條件放在工作或感情，他們會希望將生活整合成白領階級、或者是更貴族般的生活，他們要精緻、要容光煥發、要輕盈，也許會融入文青或高貴人士之間。

波賽頓猶如千變萬化的洋流，在情緒當中擁有充沛的藝術創造力與哲學思考，在理智當中能夠善用能力成為某個領域的專家。兩相交替，波賽頓嘗試著在自己的情緒困擾當中，繼續朝著自己的生命方向走，雖不容易，但相當值得，逐步地讓自己越來越好，波賽頓也會感到很有成就感。

愛情觀：「我會努力直到你說你愛我」

在愛當中採取臣服姿態的波賽頓，在感情一開始會將自己放在較柔弱的位置，逐漸地卸下對方的心防。讓你慢慢對他有了好感，好讓他進入你的世界，如此一來，他將會俘虜你的愛情世界，在裡面擁有任性撒嬌的權力，成為獨一無二的人。

波賽頓的愛情其實可以與他的大罩門畫上等號，愛情是最弱的能力，面對感情經常感到無助，需要得到撫慰，渴望對方卻得不到對方，因而自卑、強求自尊等等，但是，波賽頓忘了，他們一開始決定要經營感情的策略，就是當對方奮不顧身地愛上我時，就是換我稱王的時候了。

當然許多波賽頓等不到自己熬出頭，還沒等到對方不能沒有自己以前，就放棄了感情，忘記自己前期的付出都是為了收割後期甜美的果實，只想到已經被對方要求太多、吃了太多苦了，為了感情已經狼狽不堪，覺得真的太辛苦了、愛不對人好累！

提醒所有波賽頓類型的人，你可以有兩種選擇，一是繼續走這樣的計策，決定撐到底，並且拿出忍辱負重千里行的毅力；或者，就讓自己在感情剛開始時保有自己的尊嚴，不強壓過別人，也不必太低姿態討好對方，才不會讓自己留下傷痕。

大罩門

你可以假裝打他、隨口唸他，但是千萬不能批評他們的人品，以及嘲笑他們的品味，那是他們最後留給自己的一個純潔空間。他們永遠保持在美好的幻想中，多希望自己像是小甜甜般善良，若自己被描述得蛇蠍心腸，他們將會大受打擊、心口滴血。

自我修復的力量

當波賽頓感受到挫折，會想要遠行、去一個不一樣的地方看看。由於他們對於能量太敏感了，停留在原地未必能夠整理好心情，不如去一趟有情調、有質感、有書香的地方，讓自己身處都市叢林當中的心靈世外桃源。

他們還是脫離不了人群，隱居山林不是他們想要的，最好是

在人群當中，能夠留有一個休息的空間，書店、茶館、鬧中取靜的
工作室等等，都能夠讓心靈休息一下，變得快樂許多。

神話與占星、塔羅深入探索

海王星代表在集體意識當中，所有人的感覺。人是擁有高我
的動物，有風的能量，有第五、六、七脈輪，所以追求愛與跟宇宙
之間的連結。海王星代表集體意識跟宇宙之間的連結媒介，例如
所有藝術作品、流行文化，都隱藏著宇宙的訊息，而藝術作品與流
行文化，都是人類反應在生活當中的情緒，要有很深的覺察與自
我探索、信念管理，才會知道哪些部分是自己真正想做的、哪些部
分是跟隨所有集體意識流動的。

在星盤當中我們能觀察一個人的海王星所在的星座與宮位，
看出他在哪些部分容易失去疆界，真實是那代表他的生命能確實
覺察到神聖的、高頻率的、與神有連結的訊息，而當一個人拒絕
接受這樣的能量時，就會受到集體意識牽制的狀況。

海王星也代表溺愛、大愛、無條件包容的愛、柔軟的愛、沒有
邊界的愛。在塔羅的元素當中，水代表情感、情緒、愛，海王星代
表大海，也代表所有愛的連結與集大成，是一種愛的信念。例如
《We are the world》這首歌，許多人因為感動、想傳遞愛的訊息
而翻唱，傳遞了大愛的能量，象徵人的靈魂都是在一起的，也代表
集體意識的影響。在痛苦當中，宣揚愛的能量，讓更多人相信愛、
傳遞愛，而愛的能量會滲透進集體意識當中，改變集體意識。

　　海王星在十九世紀時被發現，那時候世界到處都發生戰爭，涉及民族、宗教等不同的事件，例如法國大革命是社會群眾對原本不受重視的統治深深地回擊、美國發生的南北戰爭與種族歧視有關、中國發生太平天國事件，就是以宗教貫徹國家思想發起的事件。群眾彼此激勵心智，想要感受更多愛與包容。

　　倒吊人無為而作、心裡隱藏對自己莫大的期待。只要正視自己的慾望，就能在和諧的狀況中逐步完成。渴望成功的人都有相當大的可能性，接觸到成功的機會或成功的人，但倒吊人佯裝自己沒有這種野心，無法展現真心，這讓那些穿越過同樣困難的人一眼看穿──倒吊人還沒準備好要提高生命的格局。倒吊人需要學習以最積極、最具實際效益的努力，來抓住貴人的照顧與支持，留住這股力量，不讓支持的人感到失望，促成雙贏。

　　倒吊人有豐富的藝術天分，也具有深深的同理心，有時候會想要操弄同理心來吸引別人的注意力，或是利用注意力的轉移，削弱正在急速成長的人。倒吊人想要慢慢地進步、逐步地追求成功，但不允許別人快速超越自己。正面的倒吊人擁有最棒的潛力，而負面的倒吊人反而寧可自己親身一闖，也不想再慢慢前進了。

13
死亡Death：
迷失自己的馬車──費頓（Phaeton）

◎在希臘神話中作為：

當泰坦一族統治時，當時的太陽神赫利歐斯的私生子，具有半人半神的血統。象徵生長在權威的家庭、有資源的環境，但需要鍛鍊的是自己的意志力，象徵人生是「長於憂患，止於安樂」。恰如天蠍座給我們的教導，生命會興盛於不斷地蛻變與成長，輕鬆看待改變，有助於我們重整生命。

◎父母、配偶：

父親──赫利歐斯，泰坦時代太陽神。父親對費頓而言是遙遠
　　　　的存在，既羨慕，又追逐不到，內心深處想要變成與父
　　　　親一樣的人。

母親──平凡女子，為天神誕下私生子的女子，沒有婚姻卻
　　　　為生子吃了不少苦，費頓總是心疼自己的母親，渴望
　　　　有能力可以溺愛自己的母親，保護他。

配偶──沒有公認的配偶。

◎代表聖物：

草鞋──象徵認為自己平凡，踏實度日便能出頭天的草根性。

蠍子——代表悔改自己過往的過錯,讓自己可以洗心革面。

◎象徵意義:

雖然認為自己平凡,但你一定有特別的地方,就算成為甘草人物、擁有幽默感、勤奮踏實,也能夠超越其他人,展現生命的韌度。也代表奇蹟會出奇不意地到來,就像費頓突然發現自己的生父是天神一樣的欣喜若狂。

♏ 天蠍座

靈性的啟示:代表一個人在靈性的層面是提升許多,還是停滯不前。

深層的生命原動力:與性、愛恨糾葛與戲劇化、原諒、憎恨、死亡有關。

心靈的成長:反悔、反思、蛻變、淬鍊、精煉智慧、提升,從基礎的物質與性,提升到靈性的思維。

心靈的牆:很敏感,保護機制很多,直線思考但是很衝,為保護自己會批評別人。

生命、死亡、蛻變:殯葬業、廢物處理業、資源回收業、占卜業。

占星後天宮位第八宮

幸福生活的偏財、個人的隱私、家庭的內務、內在的渴望。

身體部位

生殖系統、排泄器官、泌尿系統、經期、甲狀腺、扁桃腺、尿道等。

◎簡介：

費頓的童年因為生父不詳，母親刻苦地扶養他，加上其他孩子的欺負，形成他想要成功以示天下的慾望。但當他踏上太陽馬車，才發現自己準備不足，還需要更多努力與練習才行，代表成功是部分的機運加上紮實的努力。

◎能量運行：

占星學對應天蠍座能量。神話流年遇上費頓代表好事的降臨，發現原本沒有意會到的幸福，個人如果能夠決定把握機會，加緊訓練自己的腳步，在勤奮的基礎下更能成功。也代表可以重整自己的缺點，提升自己。

希臘神話占星塔羅：
費頓、天蠍座、死亡來自於自我毀滅

費頓在故事最初是一個單親家庭的凡人，但其實他是泰坦一族主宰世界時的太陽神——赫利歐斯的兒子。費頓的名字代表光明者，在那時的希臘時代，有這樣的名字是過於神聖而顯得可笑的，沒想到在費頓追查自己的身世以後發現，原來自己真的與太陽有關，於是千方百計地尋找自己的親生父親，並且要求駕駛那座迷人的太陽馬車，過足天神的癮。在費頓異常的堅持與無法說服他的情況下，赫利歐斯勉強答應了費頓的要求，並且萬般囑咐駕駛的規則與路線。無知的費頓卻在一連串的錯誤後，喪失了自

己的生命，也害得自己的父親赫利歐斯被撤下了崗位，才換成如今我們熟悉的阿波羅擔任太陽神。

費頓希望世界有一個能夠讓他享受尊榮的地方。雖然費頓類型的人天生帶著極富創意的思想，卻容易裹足不前、等待著好事發生，但這樣的狀態不會持續太久。費頓類型是相當容易吸引不同的「老師」進入他們人生當中，無論是循步帶領的、鼓勵他們的、脅迫他們成長的，甚至是帶來羞辱的類型，不管用正面或負面的方式，費頓都不斷地受到訓練。

好消息是，費頓的心地善良，非常不願意給別人帶來傷害，他們會盡一切努力去預防自己傷害別人，由此也可見費頓知道他們自己在面對壞情緒時，是以大公子、大小姐的脾氣來面對，首當其衝的是他們自己的家人。而費頓通常都是在家人保護之下的寶貝，他們很自然地認為自己理應得到良好的待遇，這樣的信念也讓他們的人生屢次化危機為轉機，幸運地經歷大大小小的挑戰。

有時費頓想要達到某種目標，尤其是在人際關係上，偏向讓自己笑的時候像小丑、嚴肅的時候像智者、天真的時候充滿想像力、計較的時候不遺餘力。當他們表達情緒時，總是竭盡全力地發脾氣、竭盡全力地大笑，沒有任何保留。但他們是需要得到掌聲的，心中害怕被遺棄、擔心不被重視、深怕自己在人際關係的洪流當中被淹沒，怕沒有了自己；所以竭盡所能表現自己，是因為要吸引別人目光。費頓很懂得知恩圖報，他的成長過程一路上誰供他、保護他、支持他、想盡辦法付出等，都會讓他記在心裡。

在故事當中，費頓想要扭轉人生，而許多費頓類型的人也深

受其模式影響,生命會經歷意想不到的翻轉,前後會有許多反差,而且反差的過程也不止一次,將會是人生當中的反覆遊戲。例如本來很文靜的他,突然變得狂野,或是忽胖忽瘦、或在不同行業之間不斷轉換等等,這些不同也滿足了費頓的好奇心,讓他們豐富了自己的閱歷。他們會莫名地心安下來,說虛榮也不盡然,他們只想要跟很多人一樣,都曾經扮演過什麼角色,但最後他們一定要比任何人都還要特別,那是他們最棒的理想。

愛情觀:「我要極品!」

暫且不論每一個費頓人的品味如何,他們都有自己的一套邏輯,他們面對感情的態度容易偏向條件化,開出一排清單,慢慢挑選;符合他們預期的人,才會得到他們的愛。

然而費頓經常不擅表達他們純潔的內心,所以面對感情時為求給對方一個好印象,都變得太嚴肅、太無趣了(但這個狀況也許比起嘻皮笑臉,更貼近真實的他們),導致他們心目中的「極品」忽略了他們有趣的地方,而讓感情溜走。

失望沮喪過幾次,費頓會開始學習退而求其次,並且隨著經驗的累積,越多的挫折,會讓他們越來越不挑。在這邊奉勸諸位費頓們,挑選對象的條件不是你們感情的障礙呀!真正的問題是面對你喜歡的人,你的自信能夠擺到多高呢?那才是能不能強烈吸引對方的關鍵。請隨時準備好自認為最有自信的樣子,當作愛情壓箱寶吧!

大罩門

不要只當他是個笑話。費頓真心想要維繫關係,讓大家都開心。他們會願意貢獻自己的笑料,當個開心果,但他們很清楚知道自己被占了多少便宜,只是為求大家開心而不跟你計較。他們心裡清清楚楚地了解誰對他們不尊敬。沒有得到基本的尊重,會讓他們忍無可忍。

費頓期許自己是個隨和的人,這也是他們努力扮演的角色。記住喔,努力扮演不代表他真的是,他退讓一步不代表默許你可以進一步踐踏他的尊嚴,他們對於人際關係的基本要求就是大家以禮相待,太超過就很容易失去在他眼裡的朋友資格。

但費頓不擅長與人鬧翻,他們會用淡然,或對你極其禮貌的方式來顯示與你的生疏。當你從費頓身上看見過度的禮貌(比方說你們明明都很熟了,卻不斷跟你客套),可能要先檢討自己是不是哪裡得罪他們了。

自我修復的力量

讓自己深入情緒的最核心,唱唱歌、演演戲,盡可能地完全表現出那個負面情緒的樣子。

費頓過著戲劇人生,最能夠讓他們上手的情緒抒發方式就是在一個安全的地方,痛快地把自己的難過演出來,就好像成為一個專業演員,表演完自己最痛苦的一面,然後專業的結束。帶他們

去唱唱歌（他們平常獨處就很愛唱歌），或是來一場痛快的大演戲，幾經發洩，他們很快就會恢復活力。

神話與占星、塔羅深入探索

　　天蠍座代表對所有情感，包含愛、喜歡、友情，以及負面的情緒，仇恨、報復、痛苦都很執著，如果十二星座是調味料，那麼天蠍座會是口味最重的那一種，酸甜苦辣都包含在裡面，這是天蠍座體驗生命的方式。天蠍座會把能量的遊戲玩得淋漓盡致，喜歡經歷蛻變重生，會拚命地喜怒哀樂，然後再轉換到下一個課題或任務，既要創造又要讓自己有感覺，所以會經驗很多戲劇化的過程。如果要跳脫這樣的狀況，就要學會保護自己，讓自己在安全當中茁壯。

　　天蠍座會審判自己也審判別人，自己經驗過多少痛苦或努力，也會用一樣的標準要求別人。但他們的耐力很強，有很激烈的能量支持他們穿越痛苦。要學習的是在關係當中減少刺激性的衝突，學會體諒，在體諒當中支持對方成長。因為曾經被否定、被遺棄，所以天蠍能量變得突出帶刺，直到理解了愛能療癒一切，不管是愛上了人或者被愛，帶刺的能量才會逐漸軟化。天蠍座必須要從害怕被遺棄的恐懼當中成長，學會探索自己內在以及精神的煉金術。

　　經過重重的事件，天蠍座會找到生命的主軸，認知到自己很棒、很偉大，不必感到自卑，懂得慈悲與愛人。他們在發展靈性的

過程會遭遇碰撞，對人或對情感產生不信任；會想猛抓住不放，又害怕改變，其實感情放得很重只是不敢承認。改變對天蠍座的傷害局勢，要連結聖杯六的能量，讓自己回到愛的能量。

死亡牌代表無法看到自己生命的脆弱，抵抗可能需要的改變，於是對自己無法真誠面對問題、改變狀況時，讓自己懲罰自己，創造負面的想法與負面的緊張狀況。死亡牌代表一個蛻變的過程，不是盡頭，只是代表在真心決定自己要改變以前，會經歷一些負面困頓的時光，可能是十分鐘，也可能是好幾年，在自己一念之間，就能改變原先需要長時間琢磨的良知問題。只要願意接受生命的改變就是好的改變，你會透過改變，淨化自己的能量，把掩蓋在自己身上的負面情緒與能量消除，重新回到源源不絕的積極與上進心，回復到最好的能量！

負面的死亡牌代表平靜地探索自己的邊界與極限，還沒覺察到自己非做改變不可的境遇；正面的死亡牌則是加快自己生命的演化，創造事件來刺激自己做改變，「生命一定會成功，只要你願意接受死亡牌對你的考驗，將會開啟捷徑」。

14
節制Temperance：
創造人類之神——普羅米修斯（Prometheus）

◎在希臘神話中作為：

覺知之神，橫跨泰坦一族到宙斯統治時代；創造了人類，也為了人類的生活安危而竊取神火，犧牲自己拯救他人。與西風之神澤菲羅斯一樣屬於泰坦族的次世代，象徵新時代的來臨。帶給我們的印象與射手座的高瞻遠矚一樣，是我們心靈學習的好榜樣，充滿著橘紅色的熱情與善心。

◎父母、配偶：

父親——伊艾伯托斯，開創繁衍者。普羅米修斯從父親身上
　　　　得到了生命，並繁衍生命，象徵與父親之間有性格上
　　　　的相似。

母親——堤米斯，公正律法女神。母親帶給他道德觀，與母
　　　　親在情緒面與追求公正的道理上相似。

配偶——普羅米修斯從父母親身上習得的性格貫穿他的一
　　　　生，沒有正式妻子。

◎代表聖物：

火炬——犧牲自己與珍惜生命的概念。

泥土——無窮的創造力，能夠建立最獨創的生命格局。

◎象徵意義：

普羅米修斯是意識的高層運作，超越物質層面的要求，希望生命能夠無憾，所以燃燒生命，將自己的一切都付諸創作與建立；找到生命的目標，領悟自己有重要使命，在自己的長處與興趣上努力耕耘。

♐ 射手座

落落大方：想到什麼說什麼、路見不平拔刀相助、對於熱忱的
事情相當忠誠。

尋求自我實現：討厭被束縛、被說沒能力、被拒絕、哲學性的
思考、不在乎金錢、靈魂的浪漫讓他喜歡自由
發展。

拓展國際眼界：國外事務、靈性的啟發、外語、外交官、旅行
業者、博物館、文化中心。

占星後天宮位第九宮

心智的成長、宗教與哲學性的思考、高等教育、與國外連結。

身體部位

臀部、大腿、肝臟、心血管。

◎簡介：

普羅米修斯能夠覺察一切，因此當宙斯要與泰坦一族宣戰，

他便站在宙斯這邊。他希望能夠和平，但如果情勢所逼，他會選擇能夠繼續堅持在理想上的方式，也象徵自己的生命用以推展一件核心之事，直到它發揚光大。

◎能量運行：

占星學對應射手座能量，神話流年碰到普羅米修斯代表是熱衷於創造的一年，牽引機會、發展新作品、專業進修等，胼手胝足也要走出成功的道路。這是一個高尚品格的能量，引導一個人擁有成功的正確態度，野心但謙虛受教。

希臘神話占星塔羅：
普羅米修斯、射手座、節制牌的寬大氣度

在神話當中顯示，創造了人類的天神就是普羅米修斯與雅典娜，這兩位天神為人類的付出超越了天神的道德感，甚至是奉上生命的照料。當時的宙斯禁止人類使用火源，因此人類只能在生食與寒冷當中度過生命，死亡率之高讓普羅米修斯與雅典娜心碎。有一天普羅米修斯決定從天神國度偷取火苗送到人類的生活地，雖不慎被發現，但為時已晚，人類已經掌握了生火的技術，宙斯在盛怒之下把普羅米修斯倒綁在懸崖上，命令大老鷹每天啄食普羅米修斯的肝臟，使他一輩子都受到苦痛。但不久後，人類英雄赫拉克羅斯出面解救普羅米修斯，射殺了大老鷹，並把犯罪的人馬綁回懸崖，讓宙斯以為背叛他的敵人依然受到懲罰。普羅米修斯為人類的付出，使人類英雄解救了這位真正的英雄。

普羅米修斯是先知先覺者，在神話故事當中，他們是善良與關懷的化身。如果愛弗羅黛蒂是女明星、雅典娜是女學者、邱比特是婚姻仲介中心老闆，那麼普羅米修斯就是慈善家與新生活運動的提倡者。普羅米修斯具有預知能力，並且有了解未來趨勢的天分，然而他們的生命要被開啟這樣的能量，必須找到一個最重要的東西──使命感。一旦有了使命感，他們每天的精神都會變得崇高，不容易因為小事困擾，會不斷往自己的理想邁進。

他們是重要的時代中流砥柱。通常普羅米修斯非常有才華，他們有能力可以創造出獨一無二的系統，不論是學識、技術，或是形象、生活型態。他們的生命先苦後甘，就像孔子說的：「我小時候的出身不好，所以學習了許多事情，不論大小的事情都能學會並且運用」。他們要有這樣的經歷，才能夠展現生命的精采。

他們很熱愛生命，浪漫地把生命當成一趟享受的旅程──意味著他們是不斷摸索出來的。如果一出生就什麼都會，那人生不會順遂得太無聊嗎？所以，他們的人生需要幾樣重要的元素：

1. 啟蒙：啟蒙他們觀念的老師或概念，激發他們發現自己的人生使命，要很崇高、很神聖、無懈可擊的「單一信念」。這意味著他們不是混淆視聽的高手，他們很坦蕩，只會堅持一件事情、一個生活態度，無法像變色龍一般的生活。

2. 蛻變：人生前期經歷一段自己缺乏熱忱的事，然後讓自己可以轉變，翻轉人生。

3. 目標：人生就是要有一個最熱愛、無法抵擋的熱情目標。

　　普羅米修斯在故事當中，是相當有覺知、慈悲心腸的人，但他們的善良經常讓人不斷依賴他們，而消耗了他們應該為自己的人生使命努力的份。所以普羅米修斯的覺醒相當重要，備齊了上述這三樣東西，就會展現人生的熱力。許多著名的普羅米修斯類型，都是某領域的佼佼者，且都是屹立不搖、相當具指標性的人物！

愛情觀

　　談戀愛是普羅米修斯展現風度的最佳時機。他們無條件地包容，當你越需要被照顧，並且在他的眼裡是能夠經過培養而上得了廳堂、下得了廚房，有條件陪伴他闖蕩人生，那麼就會是他眼裡的絕佳人選。

　　他們在感情上不需要被崇拜，只想要證明自己能夠真實地付出，這是超級大好人的感情思維。只要讓他們看見感情當中還能夠維繫的一點小小火光，而你又是相當績優的潛力股，是很有機會跟他們長相廝守的。注意喔！他們雖然目標遠大，但是沒有一份穩定的感情支撐他、當作精神糧食，他們怎麼能夠保持熱情呢？所以，他們是很願意接受好情人爭相報名的。

大罩門

　　普羅米修斯可說是二十二位天神當中脾氣最好的，沒有城府甚至健忘到無法記恨的類型。但真要說不能忍受，就是生活當中的小瑣事，沒有默契，或是讓他感覺到你們的理念差距太大了（但

他們的善良會讓他們只管追尋自己的理念，吵不贏你，也不是那麼認真想跟你吵架，他們沒空跟你吵這些），會讓他們對於關係或者人際的熱情慢慢減退下來，但他們可能會怪罪自己怎麼無法堅持下去，卻忘了自己也需要一個理想環境讓自己可以放心地努力。但是記住喔！他們的噴噴聲或是不耐煩的態度，都是很當下的反應，過了三分鐘你會很驚奇他們的情緒自動修復好了。

自我修復的力量

他們需要自己喜歡的環境，去一趟自己喜歡的地方，或是自己營造的小天地，那就是他們充電的好去處。普羅米修斯的類型可能是創造個人工作室的人，或是自行創業者。讓他們感到舒服、有療癒性的地方，就是他們自己的地方。可以讓他們鑽研喜歡的東西，徜徉在專業的海裡，對他們而言是究極的享受。

不論是很有才華而讓別人願意給他舞台表演的人，或僅是一個熱愛表演的人，都能盡情地享受在屬於自己的舞台。越多精疲力盡的表演，會讓普羅米修斯心靈能量越是充沛！

神話與占星、塔羅深入探索

射手座是衝動拓展的能量，射手座有兩種特質，一是讓火元素變得更飄忽不定，東跑西藏，另外一種是變動看得多，產生了許多心得，也因為懂得轉換心境，所以智慧深度也變得更高。射手座喜歡探索生命遼闊之處，所以涉獵許多不同的領域，喜歡嘗試各

種新奇的東西，見多識廣，有不少內涵，他們的創造力會建立在自己經歷了多少不同的東西，內化成自己的東西，發展自己的創作。節制牌代表內化成智慧，代表身體力行經驗了許多事情，然後更深層地學習，建立透徹、確定的知識，發展出自己的說法。喜歡的東西就會勇敢追求，不管在哪裡都喜歡探險。

射手座的生命盲點是對待人、事、物都有許多好奇心，容易被冠上變心的名號，其實射手座願意給予承諾，也重視心靈層面的交流，想要別人懂他。但如果發現跟當下的人、事、物無法有很深的連結，會不懂怎麼表達這其中的落差，所以就會跑開。射手座要學會溝通，他們總是太常與自己的心智溝通，卻沒有與其他人產生連結。必須讓自己變成願意負責的權杖騎士，說清楚要切割還是承諾，然後真實的負責。

節制代表崇高的精神指標，是高層次的靈魂對自我的期許，是純淨、尊貴的能量；崇尚尊貴的人格，也想要有更高深的學問與靈性成長。節制代表讓自己更進一步。原本是人就會想要變成天使，或是傳遞靈性訊息的人；原本是天神就會像普羅米修斯一樣，想要脫離天神的尊貴而變得更普通，傳遞愛的能量。負面的節制牌容易囫圇吞棗，而讓人相信盡信書倒不如無書。

15
惡魔The Devil：
複雜的誤會情節——伊底帕斯（Oedipus）

◎在希臘神話中作為：

流浪的貴族王子。他是一個純粹的人類，象徵勇氣與改變生命的意願，不受命運擺布，勇氣與熱血之心。象徵著人類的熱血，呈現鮮紅色，是我們改變與生命尋求發展途徑的動力，摩羯座教會我們奮力改變生命的堅韌。

◎父母、配偶：

父親——底比斯國王萊厄斯，因為懼怕神諭所說孩子會推翻自己，而遺棄了伊底帕斯。伊底帕斯與父親之間容易發生衝突、疏離，或是過度想念而放棄生命發展的狀況。

母親——瓊卡斯特，在不知情的狀況下嫁給伊底帕斯，象徵伊底帕斯與自己的母親牽絆是一輩子的，親情之愛也夾雜著彼此的控制，誰都不願意放開彼此。

配偶——最後的配偶是自己的母親。

◎代表聖物：

寶劍——為自己生命尋求發展，勇氣與衝鋒陷陣的決心。

◎象徵意義：

伊底帕斯的故事，是命運的操弄，而他的人生上演著種種機會，讓我們可以改變命運，呈現了充滿道德教訓的故事。以高我、內在良善面所做的事，將能讓我們擺脫命運，培養自己的美德，也將會創造生命的機會。

♑ 摩羯座

堅毅的良善面：承擔力強、刻苦耐勞、堅持讓自己創新、政治家。

堅毅的負面影響：習慣抑鬱、無法發洩情緒、強逼自己堅強、
苦行、黑道操作。

與身體構成的堅硬部分有關：骨骼、牙齒、指甲、頭髮。

來自大地的能量：陶土業、水泥業、水晶等相關事物。

占星後天宮位第十宮

與爸爸有關、成就與事業、你面對未來的渴望、別人看待你的形象、世俗地位的提升、如何成功、怎麼定義成功、成就事業的行動力。

身體部位

骨頭、膝蓋、頭髮、皮膚病、關節、骨架、骨盆、結石。

◎簡介：

伊底帕斯因為神諭的影響，被親生的父母遺棄，輾轉被其他王國收養，讓他對自己的身世之謎感到迷惘困惑，因此離開富裕的生活，展開流浪。他的勇氣十足，在盜賊與英雄僅有一線

之隔的年代，他成功地闖蕩江湖。這則神話的精髓在於讓我們改變人生，負面故事則象徵著我們對於事情惡化的擔憂，實際上向善是一念之間的改變。

◎能量運行：

占星學對應摩羯座能量。神話流年碰到伊底帕斯代表是探險的好時機，用樂觀與相信人性的立場，開拓機會，與人為善，將能帶來生命的轉變；也是放下過去的包袱，讓自己自由飛翔的時機。

希臘神話占星塔羅：
伊底帕斯、摩羯座、惡魔的誘惑考驗

　　伊底帕斯是一名被詛咒的孩子。剛出生就被預言將會殺掉自己的親生父親、迎娶自己的母親，於是身為國王的父親在恐懼之中，就用金環穿過伊底帕斯的腳踝，並且丟給牧羊人，要他殺掉伊底帕斯。但心地柔軟的牧羊人留住了這個孩子，將他輾轉地送給了另一個國家的王室收養。在伊底帕斯成人之後，才知道他並不屬於那個國家，沒有資格分享王室的榮耀，因此告別異鄉準備返回自己出生的國家，即使他自己也不知道在哪裡。

　　過程中他殺了無數個怪物與幻影，直到有一天他到了一個岔路，有一個列隊讓他看了非常不爽快，而列隊某一位士兵又氣急敗壞地要伊底帕斯滾遠一點，不准礙事，伊底帕斯在失去理智的

情況下，就殺了整個隊伍的人，這其中包含了他那因國家落難而偽裝成平民的親生父親。當他進入那個國家以後，把革命軍也殺遍了，被人民擁戴成為國王，並迎娶原本的皇室，也就是他的親生母親。在那之後，原本對一切渾然不知的伊底帕斯，就在希拉無法容忍如此的亂倫之下，將他賜死，結束了這個悲慘的故事。

伊底帕斯是神話故事當中，鮮少提及比重如此高的人類。一般來說，神話是天神們的舞台，然而這個戲劇化的主角，他的生命鍛鍊出如此有價值的心靈，重新轉世來到這個世界，他們帶來相當可貴的精神，永不放棄自己的生命。傳說當中的伊底帕斯，曾經有兩個家園，一是由於生父、生母的忌諱而被流放，無意間成為另一個國家的王儲，然而又因為家族鬥爭而毅然決然離開，伊底帕斯在故事當中是失落的，總認為自己生不逢時。

恰巧現代的伊底帕斯類型，有這麼一點悲觀，覺得人生艱苦；但另一方面，這些嚴厲的礁石往往為他們的生命激起強烈的浪花，你會發現伊底帕斯類型的人，生命完全是用意志力支撐，你看不到他們努力的盡頭，因為他們最初的認命，成就了自己的可塑性，這才是他們最有智慧的地方。因為他們不放棄，將自己的生命看成是滄海桑田之後僅剩的瑰麗花朵。

這對伊底帕斯類型的人有多重要呢？首先，他們相當清楚自己天生不是脾氣很好的人，所以他們不允許自己犯錯，如此才能減少暴躁的機會；並且即使生氣了，自己都還得是有道理的。為了這兩個境界，從旁人的眼光看到的，是他們不辭辛苦、克服萬難的咬牙力撐，這是他們賭一個問心無愧，也賭總有一天要滿意自己的成

續，要讓自己沒有任何遺憾。

　　堪稱希臘神話當中，熱血程度超越其他貴為天神的角色，伊底帕斯憑藉自己的意志力，不需要擁有天神的身分，也相當值得我們學習與尊敬；而伊底帕斯類型的人們，他們本身擁有超強的意志力。他們看似孤僻，但做的每個決定都是考量千人萬事，才做出最後的決定；看似果斷的他們其實具有菩薩心腸，因為自己熟知，人生是很辛苦的，所以不會想要加諸這樣的痛苦給別人，於是讓自己吸收那些人生的不愉快。

　　伊底帕斯類型的人很需要一個現在就可以馬上努力的目標，不管是建立自己的品牌、成立工作室，或是發展自己的長才、研究自己喜歡的東西，他們會將原本熱門度不高的東西，經營至有長足的發展。這非常不簡單，他們是生命的鬥士。

愛情觀：「謝謝你讓我放心地做自己！」

　　擁有相當直接的愛情觀念，喜歡就是喜歡，他們每次喜歡上別人都會有理由，並且符合體內蠢蠢欲動的野性，他們會在感情當中釋放真正的自己。經由他們個人特質的描述我們會發現，他們的力氣是拿來規範自己不允許犯錯的，而當他們發現：有人也許懂他們、明白他們、願意用單純的眼光看待他們，他們的壓力在這個人的眼裡可以不必存在，那麼就該是時候讓這些壓力蒸發了。當伊底帕斯準備好要愛一個人，會發自內心地展現自己從前壓抑的部分。這壓抑的部分很廣，通常我們熟知的就是壓抑自己的脾

氣、壓抑自己的擔心害怕，所以他們看起來很勇敢。

　　但有一些伊底帕斯，他們的生命能量在於探索如何做自己、如何在別人的期待當中取得平衡，那麼他們壓抑的也許不是「擔心、恐懼、壞脾氣」，而是會開始壓抑自己的「文靜、內向」，於是展開了一連串的假裝：我非常開朗、我非常陽光，而這讓他們承擔了許多原先不應該要有的情緒，他們不允許自己展現自己的本質，因為環境要求他們要「大方快樂」。所以有些伊底帕斯類型的人，他們一談戀愛，會將平常壓抑的文靜與悶釋放出來，反而跟平常看到的他們不一樣，這實屬正常，這是他們真實的能量。

大罩門

　　伊底帕斯巧妙地結合了控制欲望與求知慾望，所以他們與人相處的時候，相當呵護、關心別人，也非常喜歡求取新知識。然而這隱藏了一把鑰匙，當有一天，有些人刻意隱瞞他們什麼、其他人都集結相處，唯有他被排除在外，這對他來說無疑是一種拋棄行為，他們長期以來雕塑自己的那些正面人格彷彿遭到否定，這當然會是他們相當大的忌諱。

　　如果有人不小心敲到這塊忌諱的門磚，伊底帕斯的內在情緒會爆發，那些是他們一概往內心壓抑的部分。他們是相當願意給別人機會的，但同時關係的修補相當重要，通常他們會選擇爆發情緒，是因為對他們來說那是不能被踩到的底線，一旦爆發了，那麼令他爆發的人必須修身養性，因為你侵犯了那條不可以跨越的

線。道歉也許無效，但深刻的反省並以行動來證明你已經改過自新，他們會觀察得到。因為他們發脾氣的當下就知道自己是會原諒對方的，只是這一頓脾氣發出來得要有點效果，所以檯面上他會維持風暴，來督促對方知難而改，他們會是很棒的老師。

自我修復的力量

他們喜歡自我訓練，所以當伊底帕斯需要補充能量，通常會選擇身體上的訓練──例如運動、瑜伽、跑步等，或者是深度地鑽研並讓自己反覆地練習，求取更高深的知識等。讓他們重新接觸到自己的極限，讓他們感覺視線遼闊很多，也讓他們原本因為挫敗而揪在一起的心被打開，力量就回來了。

神話與占星、塔羅深入探索

摩羯座代表在自我節制、衡量、量力而為、步步為營的狀況下，追求物質世界的安穩成功。摩羯座的能量向內縮，對自己嚴格要求，一步步符合自己的要求而達到成功，為自己設定標準而繼續努力，喜歡給自己考試。摩羯座代表注重社會觀感、注重社會上一般要有的程序觀念，思想傳統保守，這也是魔羯座最主要的考量。他看到有人在社會體制中成功，也有人鑽漏洞而成功，造成價值觀不平衡，解決不平衡的辦法是相信自己的人格特質是高雅的，是在正派溫和的能量當中成功的。

　　世界牌代表願意投入一個大組織當中，就有充足的資源與發展架構讓摩羯座成長，可以選擇進入公司、大企業，或者是有固定升遷制度的地方，代表一點一滴的成長，累積經驗而成功。先歸屬於某個地方，在從中扎根成長，脫穎而出變得成功。摩羯座在成功過程中要先放下個人利益，追求團體成功而累積自己的財富。想要讓自己過好生活，先有想法再來找方法，開始與人合作，並且分工恰到好處，各展所長，就能成功；最後能夠累積自己的財富，創造自己想要的金錢狀況，也代表儲蓄是魔羯座最適合的理財方式，安心而穩定。

　　想要成功而思索自己未來的魔羯座，想法很多，有很多夢想，但一切以現實層面當作考量。在適當的領域中，有成功的把握，溫柔地對待環境裡的其他人，成為好能量的提供者。摩羯座在正面與負面之間的差異性不大，都會遵循一定的社會價值觀與大家普遍認可的節奏，一步步往上走。正面的摩羯座很清楚自己想要什麼而從基礎做起，負面的摩羯座會使用手段，成為魔鬼牌當中選擇鑽漏洞而成功的人，無論如何，摩羯座都要學會照顧人，成為其他人願意依賴的對象，這是成功的開始，也是專業態度的表現。

　　惡魔牌是生命當中掌控慾望與操控遊戲的誘惑，代表堅固不容變動的強硬體制，例如金錢體制、企業體制、傳統道德體制、新興道德體制等。當人願意臣服於某種威脅與管理，惡魔牌的遊戲就此展開，順服者將會得到滋養，逆行者將會受到懲罰。獎與罰分明的遊戲規則，誘惑人臣服在這個遊戲當中，放棄自己的個人特質與個人中心的力量。惡魔牌是一個人性與靈魂使命的實驗與

考驗,當壓制管教的力量出現時,受控制的人會舉一反三地想出什麼反制措施,可能鑽起漏洞,也可能假裝配合、私下違抗,或者有更多作法以脫離受掌控的氣氛,安撫自己的自尊。

惡魔牌是優秀的物質宇宙,想要有可觀的金錢或更多物質慾望的收成。惡魔牌是一個好徵兆,負面的惡魔牌代表遊戲已經到了盡頭,該是回歸最初本質模樣的時候了。

16
高塔The Tower:
工匠火神──賀菲斯托斯 (Hephaestus)

◎在希臘神話中作為:

火神,他用火創造工藝作品,精雕細琢,尤其是眾神兵器、工具、甚至是珠寶盒,任何精品工藝都出自他的手。象徵細心、誠懇、埋頭努力、藝術天分加上努力。火神的努力讓我們看見塑造生命的力量,就像是打鐵燒紅的亮紅色代表激情,以及暗紅色代表深層的力量,屬於火星能量。

◎父母、配偶：

父親——名義上為宙斯，但其實是希拉獨自產下的孩子。賀菲斯托斯與父親容易發生代溝，或是父親對他的志趣漠不關心。

母親——希拉，賀菲斯托斯受到母親的仔細呵護，與母親感情濃厚，但不喜歡受到母親干涉他的專業領域，喜愛獨自發展。

配偶——正式妻子是愛弗羅黛蒂，故事當中婚姻生活名存實亡，對應到賀菲斯托斯對感情留有經營之心，而非虛幻想像的一味盲目。

◎代表聖物：

火——野性，將火作最佳運用，象徵善於自制與發揮所長。

鐵砧——象徵穩重與紮實穩定的生產力。

◎象徵意義：

賀菲斯托斯代表深刻的內化，生命的種種經驗都淬鍊出實體化的現實生活，懂得從過去學習教訓，反省與自我提升，因而誕生完美品德，個性內斂也善於觀察他人，個性保守卻勤勉。也代表呈現出完美作品，過往的努力都形成美好的果實。

♂ 火星

行動驅力的正面：抗壓性、勇於創造、苦幹實幹、行動與實踐。

行動驅力的負面：保護自己、缺乏勇氣、害怕受傷。

身體部位

身體肌肉、動脈、發炎、拉傷、外傷、男性生殖系統、腎臟、反射神經。

◎簡介：

他曾經因為誤會而被宙斯踢下奧林帕斯山，扮成一名普通人繼續打鐵冶煉過活，在得到母親的大力支持後回到天神界，受到更多天神重視。他的生命是一部德高望重的努力史，不願意放棄重要的價值觀——創造出完美作品的堅持。

◎能量運行：

占星學對應火星能量。神話流年碰到賀菲斯托斯，開始促使一個人將最好的一面交出成績單，讓自己備感驕傲，因為過往的努力在這個時候總算完美驗收，適合將心血結晶呈現出來，供人欣賞，如果先前曾經針對某件事情不斷付出辛勞，則代表即將收割。

希臘神話占星塔羅：
賀菲斯托斯、火星、高塔的震撼與工藝

賀菲斯托斯是希拉獨自一人生下的私生子，沒有借助任何男人。希拉為了報復宙斯而產下了賀菲斯托斯，宙斯自然對他充滿偏見，在某次宙斯與希拉爭吵的過程，賀菲斯托斯被宙斯藉故一

腳踢下仙界，墜入了凡間，因此賀菲斯托斯也瘸了雙腿。賀菲斯托斯的手工藝非常精緻，也因為這樣的技能，他成功地得到愛弗羅黛蒂的青睞，娶得美人妻。但實際上愛弗羅黛蒂與戰神艾瑞斯有數不清的曖昧，有一次賀菲斯托斯準備了看不見的網子，給這對偷情的男女大出洋相的經驗，讓他們再也不敢如此拋棄尊嚴，也讓我們看到了忍耐不發一語的火神，其實早就充滿忌妒地盤算復仇計畫了。

被稱為火神，也許很多人的第一反應是很兇猛或者很性感。但事實上，他們一輩子都用來修身養性，思索著生活應該怎麼過、研究著做些什麼才能對身旁的人好。

火神原本沒有什麼遠大的格局，單純就是能做什麼便做什麼，但他們親民的好個性，加上本質有才華、有天賦，或者是個性溫和好相處，有任何與眾不同的地方，都會因為做人成功而得到拉拔、賞識。火神的人生充滿了許多好機會，然而這不是幸運，而是他們的人際關係一向都處理得很不錯，不過度黏膩、保有尊重的距離、懂得取出友善的相處模式，有著種種讓人對他們會越來越好奇、越來越欣賞的個性。但他們不是成天等魚上鉤，他們是過好自己愉快的生活，自然會有人欣賞他們。

火神在故事當中，被自己的父親（就是宙斯）嫌棄，並褫奪天神位階，經由母親希拉努力地設局並引薦，才慢慢拿回原本應該屬於他的榮耀，這讓火神類型的人經常會以自己父親的地位、能力、學識、形象等等，作為假想敵，但可能在這樣的較勁當中，讓他們忘記了自己其實有獨特的天分可以發揮，而不斷地揣摩、模仿父親的行動。希拉則是扶持火神的角色，取得了火神的信任，因

此通常火神與自己的母親心思是更相連的。

提到揣摩父親以及走出自己的道路，火神也許從小是身在福中不知福，擁有相當優渥的資源，加上自己有勤學、好學、能學的特質，與父親相處的偏見及誤解，容易讓火神刻意地走出自己想走的路，而與父親展開一場長期的權力鬥爭，即使母親角色努力去平衡，也很難真的介入這段沉悶的關係。

隨著心靈的改變，如果火神願意成長，他會漸漸地了解（尤其是在步入社會、面對人情冷暖以後），從前與父親或是生命當中的男性角色有太多抗拒，讓他們沒有在最適當的時機學到最精華的東西，而開始惡補自己該學習的人生道理。這是從小孩轉變為成熟心靈的關鍵，火神具有相當大的潛質能夠一夜長大。

另外，火神的稱號來自於他能夠透過冶鐵或是精雕細工，製造出相當精美的藝術品，他們是用火呈現出絕妙作品的特質，而非操控火焰到處肆虐喔！從這一點可以想像到，火神們有一股不能言喻的藝術天分，他們很有品味，即使不是很容易看出來，但對許多火神來說，他們看得順眼的東西，往往都是相當優秀的，這是優秀品質的同性相吸。

愛情觀：「即使這個世界只剩我與你，都能活下去」

他們的務實概念很強，談戀愛時，雖然風花雪月也很吸引他們，但最終會讓自己與一個能夠跟他們能力互補的人相愛走下去。你可以想像一個概念，當這個世界成為一個荒島，沒有其他現

代科技的資源與生產線，僅有的就是兩個人及一個完善的自然野生生態，這時陪伴他的人，就必須有辦法跟他一起野外求生。

假如這位火神很有生存能力、很有辦法，那麼他的對象必須要能夠彌補他過度務實的頭腦，所以要浪漫、要能夠帶領他看見另外一種生活方式，讓生活不只是工作與求生，也要額外的樂趣。

假如這位火神本身需要仰賴別人的求生能力，那麼他會需要一個能夠推動他成長，並且在他長成足以遮蔽別人的大樹以前，能夠站在他前面接下其他的挑戰，輔助他、給他一個能夠成長的環境，那對他來說是相當重要的恩情，這樣的恩情會在餘生用他的耐心與培養過後的能力，慢慢回饋給你。火神有相當務實的感情觀念，而這樣的簡單，也顯示出他們深刻穩定的內在動力。

大罩門

如果嘲笑他們的外型，他們不會因為你笑就生氣，但因為他們清楚自己哪裡有缺陷，或者是那些部位稱不上是美麗，他們會因為被嘲笑而變得自卑、緊張，甚至會留下從外表看不見的嚴重創傷。

你可以指責他們不對，他們接受以後可以尋找讓自己成長的方案，實際做了，人也成長了。然而嘲笑他們的外型，他們既不能拿你怎麼樣，又不喜歡被否定的感覺，尤其以外型來說，他們無法透過個人力量去改變，即使擁有一身的好功夫，如果被嫌棄的部位依然不動如山，那可是很嚴重的心靈創傷，他們會感覺到被遺

棄、被挑剔、被嫌棄，久久不能抹滅那樣的自卑與受傷。

依照火神的特質來說，想要與他們寒暄聊天，有萬般的話題可以閒聊，就是不必去扯到他們自己的身體或是健康，他們一定早就比你清楚，當然也無須你再強調一次，這樣的多嘴無論如何都很失禮，一定要記住喔！

自我修復的力量

不管是電腦遊戲、手機遊戲，或者是傳統的紙上、桌遊等遊戲，都能讓他們不費太多力氣地運用一點腦力，又能夠累積自己的成就感，他們能從中有一點點心領神會，並激發舉一反三的能力，從而帶來活力。

神話與占星、塔羅深入探索

火星代表衝動與特有的戰鬥慾望。最具侵略性、毫不保留地表達個人意見與立場，掌管戰爭、血肉之軀、活動力、內在行動力、精神力。有許多經驗想要奮戰，就有源源不絕的意志力要奮鬥到底，象徵絕佳的行動力與衝擊力、爆發力。也代表性的能量，是生殖系統的性。性的能量為了保全自己，就會發展出攻擊的機制，為求自己的生存而努力。

火星代表本能的慾望，對自己的要求高，代表值得被開發的潛力與可能性。火星可能帶來爆發力，讓一個人能夠運用這股爆

發力達到成功。火星在從前的占星學代表凶星，會帶來破壞事件，現代人能運用信念的改變與刻意地改寫人生劇本，而把原本凶星的能量轉變為創造力與求生的意志力，於是許多潛能就被激發出來。火星以往代表著破壞力與殘暴的爆破，現在則代表可以鞏固好自己的區塊，而在火星進入的時候隨機應變，創造出更不一樣的格局。

高塔代表衝擊、毀滅事物重建一切的一道閃電。賀菲斯托斯是典型的高塔性格，累積許多的壓力與挫折，選擇在剎那間爆發並展現襲捲式的能量，讓人一輩子都難忘的霹靂。

高塔是密度極大、溫度極高的一個凝聚能量，就像宇宙大爆炸的原始火球，藏在人的潛意識當中，當累積的壓力到達一定程度，良知對於自己的生命產生了想要改變的想法，就會引發這個原始火球爆炸，於是高塔的能量就從生命當中的某一個事件竄出，並且點燃改變的關鍵點。

通常高塔的能量會徹底改變一個人的氣質、想法，或是一件事情的來龍去脈都會有顛覆性的改變。改變之後，高塔能量隱藏著祝福，就是冷卻過後萬物重生，並且萌發了新生命，有更多良善出現了，有更多對自己生命更加珍惜的人性誕生了，這就是高塔精緻的人性工藝，乍看毫無章法的爆炸，其實早就預留了伏筆，想要讓人真正的改變是高塔存在的原因。

17
星星The Star：
西風之神──澤菲羅斯 (Zephyrus)

◎在希臘神話中作為：

西風之神，在別人的生命進行重大轉折時，給予溫暖與祝福，是帶來好運氣的能量。他是泰坦族的後代，與普羅米修斯一樣是泰坦族的次世代，屬於轉換的新生代。想像一片翡翠綠的風吹來，你會馬上感覺到自己被輕拂與照顧，這就是帶來祝福的翠綠色、淡綠色之風，象徵西風神與你同在，鼓舞你勇於做自己，猶如水瓶座的能量。

◎父母、配偶：

父親──阿斯特萊而斯，是星空之神，為泰坦一族。

母親──艾歐絲，是晨光女神。他們誕下了東南西北四位風
　　　　神，澤菲羅斯為西風神，意象是輕拂的微風，也象徵
　　　　天空的星星，帶來祝福，象徵願望與希望。

配偶──沒有正式的配偶。

◎代表聖物：

風的流動──代表生命的轉動，帶來改變機會與祝福。

◎象徵意義：

帶來子孫、繁衍、生命的流傳。也象徵一切受到西風神的照顧，充滿希望，擁有諸多可能性，順從個人的意念而成長，成就獨特的自己。

♒ 水瓶座

自由自在的表現：有創意、革新的動力、愛好自由、聽從自己的心願、跳脫窠臼。

愛人愛己：廣大的愛、照顧每一個人、大愛的能量。

新興的行業讓人讚嘆：流行食品業、飛機航空、放射線治療、推翻者、改革者、電力能源、新興資源、新興科技、生化科技、新能源開發。

占星後天宮位第十一宮

社會的架構、民族意識、政治意識、社會意識、宗教意識、理想化、人脈、朋友的影響。

身體部位

小腿、腳踝、視力、眼睛、抽筋、痙攣。

◎簡介：

西風神並無自己的完整故事，而在愛弗羅黛蒂、艾洛斯等象徵愛的故事當中，屢次出現扮演關鍵角色，象徵他的不居功與獨特性，支持每個人擁有自己光榮的生命。

◎能量運行：

占星學對應水瓶座能量。神話流年遇上澤菲羅斯象徵順利、得到幫助、符合個人意念、或支持與增強人際關係等。是獲得祝福而感到滿足、知足、懂得真心回饋的善心，幸福的能量互相流轉，感受到幸福。

希臘神話占星塔羅：
澤菲羅斯、水瓶座、星星輔助生命的力量

西風之神在希臘神話當中沒有自己的故事，但在艾洛斯與賽姬的故事，以及愛弗羅黛蒂誕生的故事當中，他都是吹拂著風締造了一些精采的故事。

為善不欲人知、形象的變色龍，他們內心永遠都是那樣的溫暖，行動上卻可能假裝很冷酷，因為他們溫暖的心且接受度相當高的個性如果被參透了，彷彿在這個現實的世界難以生存，因此也要稍微掩飾自己的真性情。

西風之神在神話故事中，戲份最少，卻是最重要的角色，這個眼光精準、識大體的天神，在愛弗羅黛蒂的誕生，以及艾洛斯與賽姬的故事裡都扮演戲分少、重要性高的角色，沒有他吹出的一口氣，故事便無法繼續進行，也就沒辦法發展往後的愛情故事。

他們平常不多話，默默地任由自己的脾性帶領自己，想做什麼就做什麼。他們的個人想法很強烈，但是在別人面前會刻意收

斂風格,這讓他們最感到安全。

澤菲羅斯在幫助別人上相當有天分,在他們偶爾裝酷、偶爾裝堅強的外表下,是非常溫暖的能量,同時他們也沒有堅持自己的人生應該怎麼走,就像是鋼索底下的厚實軟墊、春天來臨的青草地,是一種你與他深交就會感到很安心、很有依靠、深感幸福與踏實的感覺。

他們是人群當中的慈善家,但一切都應該要以讓他們感覺值得為主,所謂的交換,可以是他們付出很多心力或者財力,而回來的未必要是金錢,可以是更好的關係,可以是對他更好,或者是相處的能量氣氛有所轉換。他們追求深刻的關係,但是未必要整天黏在一起,不管是感情、友情、工作。

有時候你會感覺他們沒辦法很深刻地去做一件事,沒錯,他們的確無法被冠上〇〇狂的名稱,不會輕易地對某件事情有無法自拔的上癮,他們會均衡調配,也很喜歡管理好自己的生活。

澤菲羅斯在自己的性格上並未下過許多功夫,那更顯出他們的本色,每位澤菲羅斯都會有屬於自己的性格,端看他的家庭環境,教育出他是察言觀色類型,或者是傾向於勇敢表達自己的意見,或是常與人發生衝突而不打不相識等等。他們的本質是白紙,而童年與家庭的交手經驗會造就他們的性格。所有神話人物當中,就屬澤菲羅斯沒辦法一言以蔽之,他們是人生的變色龍,卻也能從他們的個性特質,一窺他們自小到大如何學習人生教訓。

澤菲羅斯在神話故事當中,扮演的是帶來溫暖與豐收的西風之神,這象徵當他們有心、感興趣時,他們相當適合與支持人或帶

來美感、帶來感受上的豐富性相關的工作，藝術類型、演藝類型、文字創作、慈善事業、旅遊業、書報類等等，都會是讓他們安居樂業的選項。

愛情觀：「可不可以關燈……」

不是他們害羞，而是對他們而言，感情上擁有隱私是最基本的權利，因此他們不會高談闊論自己的感情，自然也不會主動吸引別人去關注他們的感情。另外，他們不喜歡自己的伴侶在感情當中不斷吸引別人的注意，所以比起花枝招展的對象，他們更喜歡接觸自然、不張揚、生活氣氛融洽的人，感情生活會更安心、更穩定。如果感情太多外人打擾，那他們該怎麼好好照顧對方、對待一段關係呢？

當感情步上軌道，他們就會逐步計劃未來的人生，雖然不太在乎自己的事情，但是在乎感情的發展，愛情是讓他們充分發揮溫暖與善意的最佳管道，誠摯的愛情對他們來說具有強烈的吸引力，他們也會使出渾身解數，投入最好的能量，只需要感情維持在不招惹別人議論、不招惹別人忌妒、不必刻意張揚的狀態當中。

大罩門

當他告訴你有一些事情不可以這樣的時候，代表他正在與你溝通，且希望能夠有效果。如果溝通卻沒有效果，他會想要放棄這個地方，然後默默地飄到讓他感到舒服、能夠伸展的位置。因此，

他們注重這個地方能不能稍微為他客製化,他們絕對不會是奧客,但會想要感覺到有歸屬感,而這個地方,可以代表任何場所、任何人際關係,當然也包含親情、感情。

不要讓他把認為有問題的地方跟你反彈兩次以上,那會讓他對你的信任破裂,一般來說他們不會採取激烈的做法,因為他們希望人際關係不受到破壞,但他會選擇默默離開。

自我修復的力量

出去走走,他們需要伸展一下,然後給自己一段時間好好地調整。深呼吸、吐氣,是屬於西風之神的靜心方式,在整個過程中,他們的耐力與脾性會獲得修補,而能夠重新再出發。

神話與占星、塔羅深入探索

水瓶座是不受限的、專注在精神思考層面的星座,在一個領域當中深刻的體驗,並且有自己的心得出現。所以水瓶座很怪咖,是十二星座當中很不一樣的人,同為風象星座的雙子、天秤,都懂得與人互動,但水瓶座容易在鑽研想像某件事情的時候,人也不知道飄到哪裡去了。

水瓶座樂天、不受侷限、想像力大的特質,也代表喜歡自由自在、想要經驗任何生命的事情的能量,對事情沒有批判也沒有過多的成見,只要去經驗就好了,這是靈性上面的遊戲,精神脫體的

神遊，他的許多冒險都在想像當中走完了，不是實際去冒險的，所以顯得跟其他人抽離。在某些狀況當中，懂得逆向思考，懂得在內心選擇平靜的態度，重新看待自己面對過的事情，比起其他星座顯得超然許多，他知道生命是繼續流動的，他不必停下來，也代表他很清楚知道自己還很好，也願意認同自己。

水瓶座發現人與人相處太複雜了，不想玩了，所以讓自己漂走，讓自己即使處在原本的環境下，也能讓注意力飄到其他地方去，讓好奇心帶著走，圍繞在身旁吵雜的人、事、物總算離開了，得到安寧了，也看到了還願意陪伴在身旁的人，願意為了好朋友、重要的人做點什麼，於是有許多想法、點子都會提出來當作參考，經常在提供的想法當中發現深藏智慧、乍看荒唐其實不失為一個好方法的機會。

水瓶座的能量可以變得很正派、成為大宗，讓人願意信服，前提是必須回到其他人習慣的生活當中，先讓自己成功，就有機會也讓其他身邊的人了解他的思維，其實是很有智慧的人。

水瓶座要有根植於大地的打算，才能有成功的機會，許多水瓶座的生命太飄，喜歡的事情容易靠想像度日，但沒有實際的作為與練習，在別人眼裡看來鮮少會給機會作嘗試，通常需要水瓶座以寶劍國王當作榜樣，根植於大地的努力與突破，讓自己的生命有成功的經驗，證實自己的思維與做法是很正統的，就能在精神層面有很棒的收穫，也能傳遞分享自己所想的那些思維。

星星牌是對生命展現包容力，讓自己在受傷或者負面狀況當中，經過舒服的思考與寬闊的空間，來包容自己也祝禱自己能夠

透過許多事件慢慢提高品質。星星牌是生命內在穩定成功的能量，每當負面狀況出現時，就提醒自己「我也在慢慢地好起來，我的生命還沒結束，這是一個休息整理自己的好時間。」正面的星星牌祝禱自己的力量很大，甚至能充滿感激與關懷地祝福別人；負面的星星牌需要一點時間慢慢給予自己好能量，讓自己真心地療癒自己的心靈。

18
月亮The Moon：
冥后——波西鳳 (Persephone)

◎**在希臘神話中作為：**

冥后，協助冥王支配冥府，掌管生死與美貌，現代則代表外表與心靈的美貌兼具，不依附流行文化，擁有獨創的美感。神祕的紫色，讓我們有無限的想像，想要更進一步探索，最後我們發現的是真實的自己，原來自己才是可貴的，與自己的靈性意識重新結合，這是雙魚座的靈性發揮。

◎**父母、配偶：**

父親——波西鳳沒有明確的父親關係（有一說為父親是宙

斯，但他們之間較無關聯）。

母親──較主流的說法是由母親狄密特獨自誕下，導致波西
鳳與自己的母親較親密，較多牽連，可能有共同的生
命模式，而父親對波西鳳而言則較中性，較無重大
影響。

配偶──正式丈夫為冥王黑底斯，他們的婚姻始自艾洛斯的
惡作劇，但後續發展平穩，反倒成為一段佳話。引申
為波西鳳在感情首重氣氛、婚姻重在穩定，並持續
地發覺對方的好。

◎代表聖物：

石榴──代表生命的拘束，在既有限制當中，生存出個人的
優秀特質，生命給你限制，也給你刺激，猶如水流的
水道變小，卻能激發水流的速度與力量。

◎象徵意義：

波西鳳的生命前半段象徵沉默，代表唯心論，著重在哲學、靈
魂、精神、心靈、情緒、潛意識的探索，所以與神祕學、命理、
心靈成長、心理學、哲學有關。

波西鳳的生命後半段象徵生活，代表將靈性的訊息落實在生
活當中，這個時期擅長與人交流，並且以關心他人、諮詢並支
持他人為主。

♓ 雙魚座

靈性的能量：直覺、領悟性強、靈性相關的事業、處理想像的

恐懼、富有同情心、夢境的直覺、強烈的第六感。

占星後天宮位第十二宮

心靈層面、心靈成長、沉溺或提升、心靈的創造力、整合心靈、生命成長。

身體部位

腳趾、腳部、黏膜組織、內分泌、組織液、鼻涕、淚水。

◎簡介：

波西鳳突然被冥王黑底斯綁架，並強迫結婚，自己卻無法作主，當其母親狄密特想辦法追回女兒以後，卻也難以斷絕這段婚姻，生活的一切都被命運主宰，使得波西鳳對於生命的能量、命運感到好奇。而他的遭遇也象徵深藏的占有欲。

◎能量運行：

占星學對應雙魚座能量。神話流年遇上了波西鳳，代表對於深層親密的關係有許多想像，而想占有對方、照料對方，面對情感容易妥協，重要性更甚於本來所擅長的工作生活。波西鳳也代表適合心靈進修、心靈整合，面對內在占有慾與恐懼的好時機。

希臘神話占星塔羅：
波西鳳、雙魚座、月亮被動敏感的靈魂

波西鳳是豐收女神狄密特的女兒，在一次愛弗羅黛蒂與艾洛斯的惡作劇當中，波西鳳成了犧牲的主角，被冥王黑底斯擄到了地下世界，並且強迫成為冥后，永遠也不能回到地面上。狄密特傷心欲絕，頓時全世界只剩下冰雪，豐收富饒的景象瞬間消逝。狄密特在傷心許久之後，尋求宙斯的協助，而在宙斯缺乏耐心與誠懇的處理之下，狄密特滿心歡喜地準備迎接女兒波西鳳回到地面上，卻因為波西鳳遭到拐騙咬了四分之一的石榴，被迫每四季都要有一個季節回到地下世界成為黑底斯的妻子，其他剩餘的時間才是自由時間。從此每到了波西鳳必須到地下世界的季節，狄密特就忍不住傷心而無暇照料作物，冬天就這麼產生了。

「養兵千日，用在一時」，對於波西鳳來說，默默地觀察這個世界的一草一木、一舉一動，都能增加他們對這個世界的安全感。他們要看清楚、想清楚、摸透了，才會進行下一步。有時候波西鳳的個性優柔寡斷，但這特質也讓他們引發出許多超越心靈、藝術的新想法，因為他們太深入內在了，所以他們會有專屬於自己的作品想要推出來，他們只求有人懂，不求很多人懂。

對他們來說，生命有一個最美好的地方就是被保護、被愛、被緊緊的親密能量包圍著，那股專屬於他的能量。這絕對是一種占有慾，他們在感情當中相當有黏性，也意味著當他愛著你，會給你一股重重包圍的、他所能提供最好的愛能量。同時間，愛能量對應到在感情當中的正面與負面現象，就會同時有緊緊相依的照護或禁閉式的對待。

他們在感情當中有相當的堅持，不輕易妥協，然而在自己生命的其他現象，則容易一切隨著感覺走，因此會太平淡或者過度消耗自己的體力，他們對於談戀愛有洪水般的強度，對於生活當中其他的事情則是盡可能地擔負起責任，但他們認為擔責任不是他們的專長，談戀愛才是他們的天職。

波西鳳的養兵千日，養的是在內心逐漸滋養的負面觀感，由於他們鮮少直言所看到的不公不義、不禮貌、不平衡，因此這樣的能量逐漸擴大，直到他們沒辦法吞下去，就會開始有所行動。在他們柔和充滿神祕感的外衣底下，藏著的是一個火藥庫，只要願意與他們真誠相處、關懷彼此的感受、接受溝通、接受互相指正，那麼這些負面的觀感會在正義的程序下逐漸消退。

許多波西鳳都會感覺到情緒淹沒他們太多，導致意志力不夠的現象，他們會感覺到自己的情緒快要把平常的自己給吞沒了，這是非常典型的藝術家性格，他們可以在這樣混亂的感覺當中精粹出人生的精華，許多波西鳳都會在最深沉的情緒當中，創作出最好的作品。

然而當他們需要釋放這樣的生命狀況，因為太多混亂了導致忘記自己該做什麼、能做什麼、如何快樂等等，那麼他們必須找回自己生活的一把尺，給自己一套規劃，生活、工作的規劃等，對波西鳳而言，越是情緒相關的事情越需轉移注意力，或者甚至是掉進那份情緒的深深漩渦裡以後，再緩緩爬出來，他們會有許多力量，也比較有心力能夠將自己的注意力，轉移到其他讓他們平靜、有成就感的事情。

　　波西鳳的特質相當有藝術緣分，代表他們看得懂、讀得懂、並且有賞析的能力，這類型的天賦非常值得發展，是相當成熟的靈魂，然而這樣的靈魂轉世來生，依然面對的是自己的情感課題，波西鳳與自己的母親狄密特因為一場所有人都無知無辜的綁架事件，而逐漸冷淡維持表面和平，實際上他們需要別人向他們證明，「無論如何都會為了我，捨棄一切、放棄一切都要為了我」，這也是一種很另類的占有欲，看得出他們心靈的嬌貴。

　　嬌貴靈魂自有嬌貴的對待方式，讓他們知道你照顧他們的愛有多少，真的接收到了，那他們對你的死心塌地也是全寫在臉上，對於一個想要好好愛一段的人，何嘗不是一個絕佳選擇呢？

愛情觀：「我向上天祈求⋯⋯」

　　他們面對感情是很宿命的，他們相信完美的愛情是天上掉下來的禮物，　因此凡人既無從尋獲、也無福消受。於是他們開始把生命當中碰到的每段感情當成是上天賜予的禮物，相當珍惜，也在雙方還沒有共識要長期承諾以前，早已用終身伴侶的規格來看待對方。他們進度很快，今天可以看見你然後愛上你，明天就已經想到未來結婚生子或是如何走一輩子，這對他們來說是浪漫，也是應該要發生的現實。

　　現實卻偶爾與他們所想的不一樣，由於對方真沒這麼快，所以關係發展遲遲無法定下來，會讓他們懷疑對方是不是不愛自己、是不是自己做錯了什麼、是不是自己「始終」都不夠好。這樣

苛責自己變成了習慣，也慢慢地掉進漩渦，只要哪天他們的愛情可以有新的對象，氣氛清新、溫暖、有詩情畫意與戲劇感，那麼他們又會再轉移到下一段關係，繼續尋找他們的天長地久。

大罩門

他們不太能忍受長期的壓力，偏偏生命中容易出現一些與他們意見不合，卻不見得能夠分出誰是誰非的狀況。例如感情、工作等等，他們會想到：「OK，該來的我就承受。」與此同時，如果有人非常不識時務，或者趁機落井下石，那麼壓垮他的最後一根稻草就必須陪他釋放這股壓力，意思是，這一個壓垮他的人必須概括承受波西鳳所有的精神壓力、咆嘯、哭泣、心痛辛酸等。

當這件事情發生，也代表你是他生命中相當重要的人，他們畢竟是嬌貴的本質，當然不會徹底地破壞自己的形象，除非他夠信任你。

自我修復的力量

香氛、享受SPA、泡澡、賞花，與生活優質美感相關的都相當有效果，能夠讓他們回復到平靜的狀態。另外波西鳳是豐收女神狄密特的女兒，使得波西鳳通常能夠透過水果享受到別人感受不到的好能量，比如別人吃蘋果為了健康，波西鳳吃蘋果則能夠有種幸福感，是屬於心靈的感受。

神話與占星、塔羅深入探索

雙魚座代表在情感層面有許多的經驗，如果實際談戀愛的次數是兩次，那麼對雙魚座而言，他的感知上好像已經談過了十次以上的戀愛，代表雙魚的感覺與感知能力太過細密，經常在感情與各種關係當中，捕捉到許多人沒有意會到的片刻，深刻體驗關係當中一絲一毫的雙魚，正在學習什麼是愛。

雙魚座是巨大的接收天線，順從度相當高，逆向思考與接受、隨意隨波逐流，也是他們在感情當中表現的樣子，在情感中想控制又想依賴，於是賴著對方，自己缺乏建設，藉此控制對方的行動，解決方法是願意創造也激發新的感情面貌，不只是單方面要求對方的作為，雙魚在各種關係當中會有很棒的改變。

雙魚有許多的恐懼，如果沒有摸索清楚自己的恐懼，就會進入無意識的恐懼，不知道在困擾什麼，但總是悶悶不樂，有一些自己真實的面貌自己是拒絕看到的，必須進行靈性整合，承認自己不喜歡的那個自己，然後擺脫自己不喜歡的自己，認真地在自己的生命作改變。

雙魚擁有許多愛與感知的能量，其實是接收宇宙中愛能量的天線。要清晰確定自己要什麼樣的愛，並且要以行動去創造愛，不再被動，就能發現自己有許多的愛，原來給予是這麼快樂的事情，為對方奉獻服務很甜蜜也需承擔，喜歡成長的自己。營造出一個有承擔的、有未來性的關係，一個家庭的意象代表對彼此沒有隱瞞也沒有依賴，雙方支持彼此成長。

　　雙魚座在情感關係與各種狀況當中容易顯得優柔寡斷、被動，或者是不清楚自己的目的與想法，所以變得依賴。必須在所有關係與事件的開頭，就激發自己完全的忠誠與絕對的行動力，改變雙魚慣性依賴的狀況，能拉高雙魚的頻率，讓雙魚天生有豐富愛人的能量，可以愛更多人、照顧更多的人，可以傳遞許多愛的能量給別人。

　　月亮牌代表負面的衝動。對自己有太多的攻擊性，想要責備別人但是尋無道理，於是轉回批判自己，攻擊自己讓自己的能力往下降低。月亮牌是內在恐嚇自己的力量，讓自己變得敏感自卑，浮出許多的不安，讓一個人的力量停滯。想要把過錯與不成功推給別人，享受不需要努力、等待失敗，容易埋下氣餒的種子，逐漸在月亮牌的能量裡滋長，氣餒容易成為長期的情緒困擾。

　　另一個負面狀況來源是對於安逸現況的誘惑，導致生命無法往前進。月亮牌與業力、前世有關，關於業力與前世的能量，最後的結果是現在你打算做些什麼改變那些傳說的能量，在月亮當中要釋放許多的不安，穿越許多的恐懼，透過情緒釋放改變自己的頻率，當在安閒性較高的時候，月亮牌的能量會漸漸退去。負面的月亮牌代表已經深受負面情緒與糾結的狀況所擾，需要更快速果斷地做出改變生命的重大決定。

19
太陽The Sun：
太陽神──阿波羅（Apollo）

◎在希臘神話中作為：

太陽神，掌管太陽的運行、醫術、神祕學與生活的應用、占卜、運動、射箭。他象徵多才多藝。銘黃色，代表正式、嚴謹、專業、善於表現自己，正是阿波羅對應到我們的恆星──太陽的最佳風範。

◎父母、配偶：

父親──宙斯，宙斯給予自己的兒子優秀的神職，而阿波羅也不負眾望，撐起眾人的期望，阿波羅與宙斯之間有股默契。

母親──樸素的黑暗女神樂朵，是一個勤勉的好媽媽，阿波羅的性情穩定來自於母親的力量。

配偶──沒有正式的配偶。

◎代表聖物：

太陽馬車──代表勤勉，重承諾，猶如太陽般每日都能旭日東昇。

月桂樹──代表鍾愛的事物將會運用畢生力量來保護。與達芙妮的故事有關。

◎象徵意義：

阿波羅象徵重視承諾、全才發展，是天神當中穩定度最高、懂得禮節的成熟靈魂。也經常是受人尊敬的形象，是人群當中的聚光燈、能得到掌聲。

⊙ **太陽**

自我中心和重要性的了解、熱情服務的自我。

生命向上追求：權力與權威的遊戲、管理領導、管理眾人之事。

發自內心的快樂滿足：天賦、發揮創造創意天分、表現出來、
　　　　　　　　　　不畏懼未來。

個人的滿足：被注意、得到掌聲、自我認同、探索自己是誰、個
　　　　　　人意識。

身體部位

心臟、血液循環、免疫系統、疲勞、筋骨肌肉、精液。

◎簡介：

阿波羅誕生後即為成人，日復一日地做著父親，即天神宙斯賦予他的太陽神工作。責任感強，也懂得負責到底的道理。例如在達芙妮的故事當中，阿波羅受到艾洛斯的陷害，於迷亂中傷害了達芙妮，他就以畢生的榮耀賦予達芙妮變成的月桂樹。

◎能量運行：

占星學對應太陽能量。神話流年遇上了阿波羅，代表是一個發光表現的機會，也是一個機會排排站，選擇權與表現機會

不斷出現的能量，在阿波羅的能量當中，一個人會擁有完美個性，謙遜又懂進退、含蓄但不退讓、熱衷於表現但不損人利己，擁有極佳的風度。

希臘神話占星塔羅：
阿波羅、太陽、太陽牌能照亮萬物

阿波羅是醫藥之神，也擅長思考、給予神諭，是弓箭高手，同時創造了音樂，是希臘神話當中最受人尊敬、最英雄般存在的天神。阿波羅曾經拯救了德爾菲，於是德爾菲全數的居民都只崇拜阿波羅，奠定了阿波羅的巨星偶像地位。

他們是愛情的崇拜者，但要的不是多麼轟轟烈烈，而是要符合一種美感，揉合了默契、生活質感、平凡、簡單的概念，他們認為自己要的很平凡，是別人把他們看得太過與眾不同，而使得跟別人有了距離。

阿波羅是出了名的多才多藝，原本是掌管藝術、愛情、美感之神，往後才被人加上了太陽馬車，而掌管太陽亮光。就像是受人矚目的電影主角般，責任如雪花般飛來，他既抵擋不住，又欣然接受別人對他的期待。這位才華美少年，就這樣活躍在希臘神話當中。

阿波羅的性格得體，懂得抓到氣氛最剛好的時候，你很難看見阿波羅失控，雖然他們有自戀的傾向，總覺得自己很不錯，但他們同時修練了一身好脾氣，也認為與人互動的時候保持好的風

度，才是禮貌，自己也才會安心。

　　我們細數一下阿波羅的專長，發現有醫藥、音樂、神諭占卜、弓箭等，加上為人所欽羨的男性之美：俊貌加上堅毅的性格，成就了這個完美的天神。當然現代阿波羅類型的人有男有女，而這些阿波羅性格的人都具有上述的個性，並且以最堅毅、自我要求高的精神，持續地讓自己不斷成長。

　　阿波羅對應到恆星太陽，在占星學上太陽有如電影主角一樣，不管處在什麼樣的氣氛，都關乎自己的意志力，以及有無窮的表現機會、感覺得到自己有領導的天職，不知不覺就接下許多重要的責任，有時候甚至是自己能做的太多，而願意承擔下公眾事務、公益事務。阿波羅類型的人性格浪漫又誠懇，有時候加上一點人生的歷練會變得更成熟，就更容易為別人著想。在阿波羅的能量當中，他們能夠顧好自己也顧好別人，這是讓大家對他們愛不釋手的原因。

愛情觀：「只希望我的風度不會讓你感到距離」

　　阿波羅容易侷限在小小的愛情圈當中，當然重要的責任是一刻也不會放手，但是重感情的他們容易在感情中鑽牛角尖，他們相當重視愛上的感覺，所以不管愛上的是誰，心是朝著那個幸運的人兒，盡了許多努力。我們前面提到的，他的風度翩翩是他人生最重要的指標，不論男女，高EQ猶如他們的生命，就像呼吸般自然。

　　他們在感情的配合度很高，也沒有要求對方一定得符合什麼

樣的條件，自然是生活質感越高越好，這符合他們的優質個性。但一旦他愛上對方（沒有規則地），便會投身於感情當中，他們看起來太正常、太維持正常機能，但你要知道，阿波羅如果願意愛著你，那麼他是用最大的誠意，以及發自內心的承諾對待你，即使他說的話不多，都代表他的真心，懂他，就會更愛他。

大罩門

泯滅人心的低級事件。阿波羅的正義感太強烈，永遠覺得大家的事就是自己的事，於是奮不顧身地投入他所能提供救援的事件，諸如朋友、親人、伴侶、甚至是弱勢團體，他們自然受到求助者的吸引而努力付出。所以如果你是他身邊的人，你最好也要表達風度。

當然他們的風度會蔓延到你想怎麼做都可以，阿波羅不會要求你一定要與他一樣，一則是因為他知道高道德是一種特質、天賦，不是人人都有；二來是如果你沒有慈悲為懷的胸襟，他為你感到抱歉，而他會先著手在他認為重要的事情，對他來說，性格低級的人真是可惜了，但沒有時間膠著在這邊，他還有很多重要的事情得做，因此會與這些人保持君子點頭之交，然後忙碌於自己的生活。要阿波羅與人保持距離不容易，除非他對這個人的個性感到相當失望。

自我修復的力量

電影或是文學書籍。透過這樣有美感的事物吸引著阿波羅，也讓阿波羅的心力可以專注放在一件事情上面，他會很享受，也會相當沉醉在劇情當中。看完一部電影、讀完一本很棒的小說，他的心靈得到了洗滌，也找回人生的信念。一個堅定的信念對他們來說，就像是生活依據般的重要。

神話與占星、塔羅深入探索

太陽對應到希臘神話的阿波羅，阿波羅掌管太陽馬車，日復一日循環他的工作，也掌管音樂、醫藥、神祕學、愛情、療癒。在希臘神話當中，阿波羅解救了住在德爾菲一地的殖民，射殺大蟒蛇而成為當地神諭的傳遞者，當地居民對阿波羅有萬般的感謝與崇拜，於是在當地只認可阿波羅，並且建立阿波羅神廟。

太陽在占星學當中，代表一個人最主要的自我認同、散發魅力的方式、想要活出什麼樣的自我。在阿波羅的故事當中，我們看到了英雄主義、散發能量英勇神武的樣子，這就是太陽在占星學當中的能量。太陽有如阿波羅神發揚光大生命當下的能量。太陽是自我認同的能量，代表一個人的創造力是什麼樣的形式，也代表一個人的生命目標會走到什麼境界，是具有創造力的能量。

太陽牌是生命力的能量，傳遞一個熱愛生命、享受愉快與創造力、經驗生命的熱情。生命本身就是有創造力的，不需要擔心創造力被削弱了，只要回顧自己的生命歷程、期待自己未來的生命，

就會得到答案。太陽牌代表一段快樂、無憂無慮的時光,也是萬事都充足、不需要顧慮的情況。

　　正面的太陽牌代表在這個時候享受自己的生命,並且充滿自信,每一刻都愉快地踏著步伐,自己決定自己的方向。負面的太陽牌可能會沉溺在受到照顧、陷入兒時的回憶裡,較不成熟地需要更多的體諒,也代表即將透過一些事情而改變成熟的幅度,只要不停地運用天賦與樂意迎接每一個挑戰,就能感受自己的力量。

20
審判Judgement：
冥王──黑底斯（Hades）

◎在希臘神話中作為：

冥王,掌管生死與靈魂的價值,也是神話世界當中最富裕、黃金隨手可得的優秀之人。在繪聲繪影的形象描述下,其實他是一個溫和與耿直的人。黑色,最令人無法摸透,但是他承擔一切的顏色課題,願意肩負這些看似辛苦的事情,是冥王星帶給我們的心靈課題,顯現出靈魂的成熟。

◎父母、配偶：

父親——克羅諾斯，黑底斯對於父親的霸權沒有怨恨，反而能
　　　　夠理解，對自己的父親一直保持敬重的中性態度。

母親——瑞亞，黑底斯同樣能夠體貼母親的無奈，顯示出黑
　　　　底斯明白事理，是一個公正無私的人。

配偶——冥后波西鳳，是在意外當中與黑底斯成親，在主流的
　　　　傳說當中，黑底斯願意負責並且對婚姻的承諾採取
　　　　終生奉行，是一個可依靠的善良之人。

◎代表聖物：

黃金——代表他默默行事的形象底下，有許多耀眼的成就，
　　　　也不張揚。

狗——忠心、看守、優秀的夥伴。

◎象徵意義：

黑底斯是不張揚的富裕，他擁有的物資為自己所知，不追求炫
耀。是一個不與人爭奪權力，能力也相當高強的人，他的專業才
華相當可靠，並具中庸的性格不與人爭，更能長久經營生命。

♇ 冥王星

生命最具價值的時候：蛻變、孕育好能量、勇於面對改變、相
　　　　　　　　　　　信改變的直覺。

蛻變產生的恐懼：過去的痛苦曝光了、必須學習負責任、太多
　　　　　　　　擔憂害怕、不敢面對現實、害怕被人遺棄。

身體部位

天生缺陷、生殖系統、內生殖器官系統、外生殖器官系統。

◎簡介：

黑底斯是克羅諾斯三個兒子當中（宙斯、波賽頓、黑底斯），個性最為乖巧與誠懇的人，他擁有知識以後，便依靠著公正的平衡待人處事，除了受到艾洛斯惡作劇而綁架迎娶波西鳳以外，他的事蹟普遍為人稱道，相當受到當時人民的敬重。

◎能量運行：

占星學對應冥王星能量。神話流年遇上了黑底斯，是一個讓生命回到公正的過程，開始要求自己的品德要純淨、性情要沉穩，黑底斯能量會使人調整自己的腳步，目的是要符合不強迫也不被動、不偏激也不評斷的性格，精煉而不張揚，讓一個人的靈魂價值提升，擁有一個精緻化的靈魂，放下較低層次的情緒狀態。

希臘神話占星塔羅：
黑底斯、冥王星、審判淨化負面能量

　　黑底斯掌管冥界，負責審判所有靈魂，送往獎勵靈魂的天界，或者是送到地府接受懲罰。黑底斯在奧林帕斯十二主神當中，

是最讓人不願意提起，也代表恐懼害怕與各種脆弱面。在許多小說與故事當中，都有像是黑底斯這樣的人物，你不願意提起他的名字、害怕、有負擔、害怕受到監視、充滿不安全感，也代表生命當中本來不願意提起的區塊，因為靈魂想要改變，意識卻恐懼改變，而讓身體發生許多反應，例如恐懼得發抖、害怕瑟縮，也有人開始自我懲罰，而長出腫瘤。

低調的質感帥哥，冥王黑底斯是神話當中的隱藏人物，雖然他頗有名氣，但大多都是別人怎麼看待他、別人對他的敬畏，他本人其實很好相處、個性也很鄰家，甚至沒有什麼太大的脾氣，就是維持著日復一日的穩定生活。

在形象上，許多人都覺得他們甚有距離感，彷彿太完美、太犀利、批判性很強，然而這是他們不知不覺擁有的能力，無法擺脫，在內心深處，他們真心與人相處，渴望被理解，他們自己也想摘掉形象的包袱，表現最自然的自己。但這是不容易的，始終維持理智的他們明白，當他們表現出最自然的自己，將會與平常對外展示的自己不一樣，太不一樣，也許會讓人無法接受，因此他們依然躲在一層保護色底下。

其實現代的黑底斯類型性格更趨成熟，較能掌握真實的自己與形象上的自己，他們象徵著在尊敬的糖衣底下，有最活潑快樂的自己，他們內心像個小孩，僅是要求自己應該要成熟再更成熟，所以才會讓某些眼光犀利的人認為他們表裡不一。

他們真的表裡不一嗎？其實未必呢！他們是因為出自一個善良的出發點，要讓氣氛變得質感高一點、融洽一點、更符合應該要

有的氣氛，例如會議要專業、朋友要歡樂、家人要和諧等等。他們默默地擔綱調整氣氛的重責大任，相當值得為他們嘉獎一番。

愛情觀：「自認專情的專情」

他們的確非常專注在自己愛的人身上，但未必同一時間只會愛上一個人，由於他們重視的是「質感」，因此人生在世如果多幾個知己，雖然難求卻也無憾了。現代的黑底斯開始懂得符合一夫一妻制的規則，但有時心思卻難關住自己，他們的吸引力依舊、優點依然閃閃發光。他們能對另一半坦言，如果你願意問他、或者與他約定，在感情世界就這兩個人，如果有其他人，一定要讓你知道，那麼他們反而欣賞你的專注與坦言，這樣的特質令他們嚮往，而能維繫住愛情。

大罩門

戳破他的形象，那實在太沒有為人基本的禮貌了。有話一定要好好說，別悶在心裡，最後才針對他們給予痛擊，這對他們而言，甚至客觀而言，都太不願意溝通了，受害者會有多少，讓人不敢多想。

他們的每個動作幾乎都是思考過後才做出來，如果你對他不滿，應該與他討論他讓你感到不舒服的地方，他們絕對願意納入參考。記得，有話先說直須說。

自我修復的力量

他們非常需要個人空間，關在自己的房間，聽自己喜歡的音樂、看自己喜歡的書、電影，甚至寫寫東西，讓生活擁有自己想要的質感，他們的心情會因為外在環境的舒適而享受其中。

神話與占星、塔羅深入探索

冥王星代表轉化、蛻變，代表生命逐漸來到不得不看見改變空間、改變契機、必須改變的狀況，越是抵抗越帶來不舒服的自我認同，於是情緒出現不明確的憤怒、批評、不安、恐懼。願意接受冥王星改變的人，心臟很強也不害怕挑戰與改變，願意整理自己、調整自己的頻率，於是得到很棒的成長。

冥王星帶來的制裁與影響可能激發人的脆弱，也可能激發出人最高貴的一面。黑底斯除了是冥王，也代表富饒之王，因為所有黃金礦石都埋藏在地底之下，而他自然可以接管這樣的財富。代表在蛻變之後，是靈性的煉金術，增加自己的靈性深度，就能探索到珍貴的寶物。當一個人無法面對自己必須改變的、承認的生命部分，卻也自責於自己的自我欺騙，冥王星的主動能量會開始引發一種生命的破壞性，進入生活層面對當事人發出警告，可能是無條件的自我憤怒而引發爭吵，也可能是物品容易損壞，或者心情好像背負著極大的重擔，總是無法開心，對生活與未來感到不安，這時候要觀察這個人的冥王星在什麼星座與宮位，必須在完全的真誠與直接下，回饋給他冥王星正在怎麼影響這個人。

冥王星是在二十世紀時被發現，那時候正值第二次世界大戰，而最具破壞力的兵器——核彈在日本引爆，造成輻射汙染與整座島的人員死亡。這是人類彼此傷害、爭權奪利的自我懲罰，創造了自己不願意回首的過去。但日本在這之後奮力崛起，一切重新來過，發展成現況，完全不見重大人員挫敗傷殘的過去，這是冥王星的轉化。

審判是靈魂的審判，在靈魂上做了決定，心靈總算找到了明確的方向。一個人經歷了審判牌，會感覺自己從某些地方「生還」了，對於自己的生命將有更多的重視。從死亡牌改變了生命態度、高塔牌改變了生命錯誤的滋長，在審判牌即將改變一個人最高層次的干擾物質。由於在最高頻率的位置，高唱著高等的智慧與愛，但如果付出與愛是讓一個人如此困擾的事情，在不知道是什麼樣的企圖與情緒隱藏其中，審判牌能夠直接改變這樣的狀況。

審判牌代表生命在此時看清偽裝成友善能量的負面產物，透過浮現在生活當中的事件，重新認識自己，那個秉持負面信念卻如此逼真，看起來又和藹可親的狀況，即將被放下。負面的審判牌代表抗拒看到信念改變的容易之處，可能需要更多時間與更多的耐心，逐漸地摸索真相是什麼，但也必須做好心理準備，去迎接一個新的自己在未來等待著現在穿越迷霧。

21
世界The World：
泰坦領袖──克羅諾斯（Cronus）

◎在希臘神話中作為：

泰坦領袖，掌管泰坦一族的權位，因為義勇之舉而稱王，是泰坦一族當中，最積極也最孝順母親的天神。來自大地的能量，土星，讓我們聯想到咖啡色與土色，展現出令人懷念、讓人尊敬的傳承智慧。克羅諾斯（Cronus）與時間之神柯諾羅斯（Kronus）不同，時間之神象徵時間推移，手執鐮刀，兩位天神的精神意義不同，克羅諾斯象徵堅毅孝順，時間之神象徵命運影響。

◎父母、配偶：

父親──烏拉諾斯，克羅諾斯嫌棄烏拉諾斯帶來的動盪不安，因此潛意識當中視自己的父親為負面教材，性格上相當堅毅不拔。

母親──大地女神蓋婭，克羅諾斯相當敬愛自己的母親，在蓋婭身上他學會了容忍與尊重，母親對他別具意義，是生活中心靈與善惡的指標。

配偶──瑞亞。

◎代表聖物：

骨頭——代表克服自己內在的恐懼、征服對於自己成功的不
　　　　確定感。

◎象徵意義：

象徵道德與規矩上的限制，敬重流傳下來的，遵循傳統、看
重社會與環境給予的限制。克羅諾斯是奉公守法、遵守教訓
的人，穩定與制度化是他最大的特質。

♄ 土星

穩定的生活方法、了解受苦，因為了解苦痛，所以承擔痛苦而
對別人慈悲。

漸漸成長而立：成熟的過程、穩固的感覺、穩定帶來的安全感。

限制帶來激發：訓練而成專業素養、自我節制、自我訓練、雕
　　　　　　　琢品質、標準明確。

約定俗成：社會道德、集體意識的價值觀、法則、制約限制、
　　　　　社會的壓力。

身體部位

皮膚、骨骼、身體老化現象、指甲、頭髮。

◎簡介：

克羅諾斯遵循神諭的教誨，相信自己的孩子會推翻自己，因而
吞食他們，故事的這個環節顯出他的憂心與害怕，也是他遵
循體制的產物，然而他是一個工作狂，因為忙於工作而較少照

顧自己的妻子瑞亞，導致兩人心思不同，並帶給我們另外一個教訓，讓我們學到互相尊重與溝通，也是一個必經過程。

◎能量運行：

占星學對應土星能量。神話流年遇上克羅諾斯，代表與官位、企業體制中成長有關。如果是個人事業，則代表要符合大眾期待，放開心胸接受傳統的好處，連結傳統的能量，學會傳承，因此與傳統技藝有關。也代表向他人學習，欣賞別人的長處並內化學習。

希臘神話占星塔羅：
克羅諾斯、土星、世界拓展的邊界

克羅諾斯，就是天神宙斯的父親。克羅諾斯在生命當中體悟到政權本來就是不停翻轉的，於是接收到了神諭，告訴他未來自己的孩子將會推翻他，而造成他的恐懼與害怕。克羅諾斯於是開始吞掉自己的孩子，直到幸運與擴張能量的木星宙斯，經過重重的保護與幸運，才真正推翻了克羅諾斯，讓克羅諾斯的專權告一段落。

克羅諾斯的能量是一種限制與來自於無法改變的恐懼，土星的能量在從前讓人深感侷限與不自在，在威權的體制之下，社會道德、社會觀感、制度牽制、保守派，都是居於恐懼改變而要求保持原樣最好的立場，帶來限制與考驗。

　　為人謹慎，對他們來說，用盡全力把身而為人的責任做好，就是一場圓滿。他們很豁達，也許在物慾、享受、生活方面與其他人無異，但他們的堅定意志力使得他們更能吃苦、更願意嘗試、更有勇氣闖蕩江湖，因為他們深信生命是自己拚出來的，如果停留在原地、接下祖傳的衣缽，那來到人世這一趟，就太無趣了。

　　克羅諾斯是神話塔羅系統當中，第二代的天神們，其實他們叫做泰坦一族，是草根性相當強悍的民族，但由於克羅諾斯擔心被篡謀權位，因此也提防著身邊的人，甚至是自己的小孩。這樣的神經質讓人想到，克羅諾斯類型的人因為膽怯而不敢做的事情、不願意面對的事情、不敢接下的責任，都會繼續追趕著他們，直到他們克服生命當中難以面對的部分。

　　克羅諾斯的生命歷程是很有格局的，有時候他們自己沒有覺察，但環境已經默默地認可他們是具有領袖風範的人，即使他們沒有位居領導者位置，卻也是團體當中的核心，相當有公信力了。

　　克羅諾斯對自己要求太完美，而少了點勇氣去面對生命的課題，例如與父母、與情人、與自己的夢想之間等，總有一天會實現他們心中那幅完美的畫面，速度則在於這類型的人，願意拿出多少勇氣。關於勇氣，他們有無限的潛能，而不僅僅是憑空說說。

愛情觀：「過來，你是我的，我說你是我的！」

　　他們在感情當中有相當的占有欲，並且有很強烈的主掌慾望。讓他們了解自己在感情當中具有強烈的影響力，會令他們安

心，當感情安心平順下來，會激發他們去面對生命當中的其他課題，也許一個玩世不恭的克羅諾斯，會因為一場互相扶持的戀愛而變得相當成熟、相當有擔當與實踐理想的決心。

大罩門

他們的人生沒有什麼不可攻破的地方，由於克羅諾斯本身掌管著萬物的流動，他是相當有責任感的人，因此他的生命當中哪裡做不好，他改進就是了。讓他不容易忍受的是，當你與他有利害關係、或是金錢關係、部屬關係的時候，他們的想法你不願意配合接受、也不願意溝通，那讓原本該有的效率都慢下來了，他既無力也無法改進，那可能會是他最難以忍受的部分。

自我修復的力量

畫畫圖、把自己現在的情緒，或者是對未來的藍圖給畫進去，色彩是克羅諾斯生活中較缺少的東西，或者可能是太少表達自己的思緒，有時混亂了，就很難重新再掌握。透過畫圖、運用右腦，能夠平衡克羅諾斯快要被榨乾的理智，回復到相當平靜的品質。

神話與占星、塔羅深入探索

土星在星盤上代表一種古老、傳統的牽制能量，也代表一個能量壓制的狀況，土星所在的星座與宮位，代表能量收縮、沒辦法

發揮個人意識。在現在心靈占星的看法，相信這樣的限制是來自於個人自我的侷限，能在這個自我侷限當中，找到自己現階段的一個突破點，代表一個自我鍛鍊的好機會，而自我鍛鍊到足以推翻現況的程度時，個人就成長了，格局也變大了，生命可以在限制當中尋求改變。生命雖然有限，人的心智高度卻是無限，當你遭遇挑戰，代表你會藉由提高自己的眼界，超越自己習以為常的模式，進而有能力掌握現況、改變負面的狀況，提高自己的高度與深度，總會有辦法讓我們變得更成熟，這將會為你帶來力量。

土星額外也代表自己在物質社會的謀生方式與生活態度，看出運用什麼方式生存、想要運用什麼方式成功。土星帶來的課題，穿越恐懼以後，就能看到一個人在什麼場域當中（宮位）有能夠刻苦耐勞的能力，不害怕許多訓練，可以讓自己成功。

解讀土星要尊重個人的靈魂是有決定權的，所以少著墨在天生受到限制的話題，而是告訴對方，在什麼樣的情況下，你會有什麼突破，在哪些方面有很強的意志力，努力就會成功，建議可以脫離制約，要培養自己的勇氣，你自己可以決定努力到什麼程度，過往的經驗會鍛鍊你，使你變成更成熟、更有歷練經驗的人。

世界牌代表的是在一個固定的環境當中，在合理的範圍內，你擁有改變並且生產一切的權力，代表你有豐富的生產力，是一張和諧、能量豐足、實力充足，有相當穩定性的牌。這是個自成一格的有機體，能夠自給自足，是一系列的生產管道。

世界牌是快樂的牌，是大牌牌組最後一張牌，而最後要回到愚者，重新打破這個有邊界的世界，然後創造新的格局，用不同的

企圖心與希望，走下一個巡迴。負面的世界牌，代表對於這個有機
體稍有不滿足，但物質世界都相當安好，如果想要改變，只要做出
決定，走入愚者的生命探索之旅，生命就會改變。

22
愚者The Fool：
天空之神──烏拉諾斯（Uranus）

◎在希臘神話中作為：

天空之神，所有希臘神話的開端，他掌管天空，被視為西洋的
盤古大神，創造現在的世界。充滿開創與發揮性質的藍綠色
是天王星的顏色，彷彿是獨角獸的能量，創新、是嶄新靈魂的
能力，來到地球上表現出最閃亮新穎的一面。

◎父母、配偶：

父親──沒有父親，烏拉諾斯潛意識當中對於父親感覺模
　　　　糊，相處中立。從母親那裡則獲得相當大的教誨，卻
　　　　也想要改變母親教育他的本質，想要證明自己的突出
　　　　而反抗母親，渴望創造自己的事業。
母親──為大地女神蓋婭，蓋婭既是他的母親，也是他的正

式妻子，他們誕下泰坦一族。

配偶——蓋婭。

◎代表聖物：

天空——代表遼闊、無法界定的、廣大的空間，猶如他的生命
　　　　格局般有無限可能。

雲朵——代表想像力與聯想力。

◎象徵意義：

烏拉諾斯代表憑空創造，是思維創意的開端，也是能夠開先
河而讓後輩跟進學習的優秀靈魂。凡是與天空、網路、出國事
務、國際間事務、自由、獨立相關的議題等都有關。

♅ 天王星

關於新東西：創新的思維、說變就變、新時代的思維、新的潮
　　　　　　　流、革命。

自由的產物：愛好自由、隨意改變、好勝心很強、討厭被別人
　　　　　　　控制、與權威對抗。

現代產物：網路、飛行、空服員（近代行業）、網路維修技師等。

身體部位

突變、畸形、細胞病變、抽筋、頭部、頭腦、神經系統。

◎簡介：

蓋婭誕下烏拉諾斯，之後他們聯手誕下了泰坦一族、巨人

族，後來烏拉諾斯失去控制，沉醉在自己的創造力，缺乏考量其他生命的感受，被克羅諾斯，也就是自己的孩子牽制而推翻，讓後世人了解自由與放縱是必須區分清楚的兩個截然不同的能量。

◎能量運行：

占星學對應天王星能量。神話流年遇上烏拉諾斯，代表你會變得自由，能夠徹底凸顯自己的個人特色，留心自己的特色是否激勵人心或者打壓其他人，將會有關鍵性的成敗影響。也象徵創意無限，可能性無限，能夠自由發展、大顯身手。

希臘神話占星塔羅：
烏拉諾斯、天王星、愚者的生命之旅

烏拉諾斯是從前的天空之神，蓋婭生下許多孩子，包含了烏拉諾斯，蓋婭是大地之神，烏拉諾斯是天空之神，從此兩位天神開始孕育整個世界以及天神體系。烏拉諾斯與蓋婭產下了六男六女，總共十二位天神，就是後來的泰坦族，其中最著名的孩子是男生當中的老么──克羅諾斯。

烏拉諾斯除了產下十二位當時掌管世界秩序的天神，還逕自繼續讓蓋婭懷孕，並產下蓋婭不想生產的孩子，這些「世界的不速之客」是獨眼巨人三兄弟、百腕巨人三兄弟。蓋婭因為烏拉諾斯對產下子嗣的任性態度感到頭痛，召集了最初真心關愛的十二

位天神，開會道：「烏拉諾斯已經任性得逼我產下我不想孕育的孩子，對這個世界充滿了敵意，我已經無法忍受，我的體內已經暗藏孕育了一把巨大鐮刀，你們有人願意弒父而得到正義嗎？」這個任務後來是克羅諾斯接下了。在那之後的某一天，克羅諾斯總算等到烏拉諾斯於早晨又充滿精氣地想要繁衍後代，即將血脈噴張之時，克羅諾斯毫不猶豫地一刀斬斷烏拉諾斯的生殖器，導致烏拉諾斯的鮮血與精氣灑滿了整個大地。

代表烏拉諾斯野望的血液灑到了蓋婭的身上，讓蓋婭為烏拉諾斯產下了最後幾個孩子：復仇女神、作亂天神。而代表生命當中愛與希望的精氣，則飄揚到了大海上，化成泡沫，這些泡沫神奇地浮出一個貝殼，誕生了希臘神話當中著名的愛與美之女神──愛弗羅黛蒂。而最後的傑作呈現於這個世界上之後，烏拉諾斯就在克羅諾斯的揮斬之下死去了。

這等自由的人是很難遇到的，他們賦予自己的生命完全的自由、他們的生命沒有邊框，雖然許多人認為烏拉諾斯類型的人太難駕馭，其實他們只是希望心想事成，擁有自己的率性。烏拉諾斯的感情觀、工作觀、生命觀都與別人不一樣，他們的生命會受重重的限制，理想受到別人的不諒解，但他們的生命始終不會放棄自己雄壯的理想。

有時候烏拉諾斯的覺醒路線不會那麼直接，也許是透過家庭環境讓他們不得不早熟，有時候是他們心裡有股叛逆，很難照著別人的計畫走，索性全聽自己的話，爭取讓自己自由選擇的權利。

烏拉諾斯是人群當中的創新機器，他們就在一個感覺當中，

彷彿好像有什麼事情呼喚他們，該去做什麼事情了，於是讓身體跟上自己內心深處的聲音。

論個性，他們相當懂得保護自己，但是他們也很有創造性的慾望，烏拉諾斯類型的人，如果相信自己能夠建立許多專屬於自己、相當有特色的、別人仿照不來的東西，會讓他們有堅定的自信，也對生命有新一層的詮釋。烏拉諾斯也可能默默地、循規蹈矩地度過一生，但那畢竟是少數，畢竟內心蠢蠢欲動的聲音，也許別人聽不出來，但對他們自己而言是震耳欲聾的。

愛情觀：「讓我們今朝有酒今朝醉」

這不代表他們花心，而是開始談感情時，他們心裡隱隱的理智會覺得，感情是一種流動的東西。如果愛情像水，人性也許會改變，那麼一段關係就未必能夠長久保持在同一種狀態。如果感情多年不變，他們也會很感激有這樣的緣分；如果失去一段感情，他們除了內心感到遺憾以外，也覺得不是那麼意外。

烏拉諾斯面對感情有自己的一套理論，尤其是對於時間，他們看重的是品質，以及一段關係在他們生命當中的重要性，如果產生了影響力、讓他們心領神會了什麼，那麼他們走過這一遭真的也夠了。

大罩門

小偷式的行為。這層面非常廣，當然沒有人會喜歡偷自己東

西的人，但烏拉諾斯更在意的，是那些無形的東西被別人偷走了，你偷走了兩人可以愉快相處的機會、偷走了智慧財產、偷走了信任……手腳不乾淨或者處事不夠光明磊落，在他們眼裡無非是一種道德上的褻瀆，那影響的是他們後悔信任這樣的人。當然他們會繼續信任其他人，但如果曾經對他造成傷害，那樣的傷口很難彌補，他們寧可將友情機會讓給未來的其他人，也不會再給你了。

自我修復的力量

烏拉諾斯是天空之神，自然與天空有關連。凡是機場或是出國、在天空當中的運動或遊戲、攝影，都讓烏拉諾斯有重新再起的力量，充飽了電，他們會有許多創意之舉。對他們來說，飛機上、國外、或是空曠舒服自在的地方，最能夠引發他們的新鮮想法。

神話與占星、塔羅深入探索

愚者代表天王星能量，天王星是一顆變異性非常高，不容易抓住，容易產生精神與事件本質質變的一股能量。天王星的存在代表一切都會在分裂、改變本質、革命性的創舉、大事件、各種層面的異動等氣氛當中，繼續地推演下去。天王星不是開始也不是結束，而是生命為自己尋找出路，藉由爆發力來證明自己本質的一個生命態度。

態度在溫柔和善的情況下，天王星發揮創意與好能量，決定自己的生命與改變眼前事物的觀點，有許多力量產生了。態度在侵

略與批評的情況下，天王星發動了革命，產生許多戰爭或者不和平的互動。

天王星聚集許多力量，可以支配自己生命藍圖當中的演化過程，它的能量代表突變與刻意的改造，一個意識大幅度的轉變，就是天王星的力量。同時也代表生命當中前後矛盾的衝突，因為想要改變，所以突變出新的想法與做法，改變意識就會改變生命。

愚者牌代表一個精采的生命冒險旅程，烏拉諾斯選擇自己的生命想要玩味創造的樂趣，他積極全然地走進創造的樂趣當中，自成一個律法與道德觀。烏拉諾斯的生命是宇宙全新的起源，他也孕育出了泰坦族來支配世界、掌管道德，但他遭遇了伴侶與親生子嗣的反叛，因為他的慾望之血已經渲染到其他人的生命，已經不是最初在自己的世界自成一個格局，並且願意服務的狀態了。

愚者的生命會讓自己當那個造物主，讓自己經驗最想要、最期待的，他全然地投入許多挑戰與奇特的生命經驗，而當他對自己的生命經驗開始出現掌控慾望時，愚者開始創造分裂與痛苦、仇恨，容易忌妒別人的好，也容易被自己的負面情緒所影響，而認為自己想要更多的好處與野心。不在自己的全然創造裡，只因害怕自己會缺乏什麼而創造什麼，他開始變得恐懼、神經質。

愚者是生命的智慧大師，他是所有智慧系統的最高造物主，也會因為自己過分的野心而喪失了理智。「我能創造一切的事物，只要我願意去愛。」是愚者牌與烏拉諾斯的生命教訓。

小阿爾卡納——
天神交錯的故事
行星、星座與天神的故事
∞

熟悉了大阿爾卡納後，在小阿爾卡納充滿占星符號意象的解讀中，我們每個人都可以變成說故事的高手，你也可以嘗試推敲，發揮創意並符合天神的性格，想想看，兩個以上的天神人物能量相加，會激盪出什麼火花呢？

星體介紹

太陽——太陽神阿波羅
關鍵字：本質、著重自我、自我中心、創造力、個人色彩、英雄、救贖、忠誠、才藝、專精、期待、付出愛、驕傲、自尊、意志力、關於個人角度的觀點。

月亮——天后希拉
關鍵字：愛的連結、得到關懷、付出愛、等待、守候、母性、滋養、守護親情、純潔、忠貞、情緒感受、潛意識、默默的、靜態的、醞釀的、直覺能力、內在情緒、占有欲、關於安全感、以及內在安穩的條件。

水星——信使賀密斯

關鍵字：資訊、學習、傳遞、書信、商業、犯罪、機智、語言、思考能力、應變能力、溝通能力、溝通管道、運用機會、關於個人對外表現的管道與能力。

金星——愛與美之神愛弗羅黛蒂

關鍵字：良善面、愛情遊戲、情感關係、享受、縱情、美感、分享、優雅、優點、愉悅、關注發展、正面情緒、忌妒、關於愛的所有可能性。

火星——火神賀菲斯托斯

關鍵字：創造力、缺點、破壞力、技藝、體力、耐力表現方式、爆發力、決斷力、衝動、強烈情緒、不同形式的憤怒、關於生命形式的衝擊力與各種外顯的力量。

木星——天神宙斯

關鍵字：幸運、主宰、權利、權力、福利、命運、滋養、與其他人的連結、格局改變、自信、成功的信念、關於運用各種資源與珍惜生命難能可貴的態度。

土星——泰坦領袖克羅諾斯

關鍵字：緊縮、恐懼、謠言、制約、刻苦摸索、謀求溫飽、付諸努力、防衛心、冷漠現實、面面俱到、關於在乎外界別人看法、注重道德感的層面。

星座介紹

牡羊座──戰神艾瑞斯

關鍵字：積極主動的創造、充滿熱情、粗線條、注重個人想法、自我中心、執著、企圖心、直腸子、關於「自我」的層面。

金牛座──豐收女神狄密特

關鍵字：穩定、容忍心、滋養的能力、物質的議題、享受物質生活、性格差異兩極、關於「物質」的層面。

雙子座──愛神艾洛斯

關鍵字：傳情達意、關懷、探索關係、調皮、生命經驗少、經驗主義者、喜好挑釁、關於「際遇與真實」的層面。

巨蟹座──家庭守護神赫斯提亞

關鍵字：家庭相關、內心之家、需要保護、細密敏感、母愛、依賴性、自我防衛、照料、關於「安全感」的層面。

獅子座──大力英雄赫拉克羅斯

關鍵字：自重、表現慾望、對成功的期待、尊重、領導、活躍的能量、自信與自卑、關於「價值」的層面。

處女座──河之精靈達芙妮

關鍵字：謹慎、小心翼翼、細微照料的天賦、服務他人、純淨的迷思、嚴謹、關於「細緻精密」的層面。

天秤座──智慧戰神雅典娜

關鍵字：和平、理解力、智慧、判斷力、和諧與戰爭、柔性力量、思慮豐富、關於「平衡二元」的層面。

天蠍座──太陽神之子費頓

關鍵字：渴望、證明、深入的家庭或關係課題、勇氣、無知、對外要求、滿足慾望、關於「深層內在」的層面。

射手座──創造者普羅米修斯

關鍵字：崇高、高道德、高層次學習、高標準、正義感、追尋完美、大器、想成為英雄、關於「智慧增長」的層面。

摩羯座──流浪王子伊底帕斯

關鍵字：制約、控制欲望、按部就班、循規蹈矩、叛逆生命、權力遊戲、賭氣固執、關於「生命原則」的層面。

水瓶座──西風之神澤菲羅斯

關鍵字：充滿機會、不拘謹、任性自得、不演戲劇化、做自己、支持他人、人性主義、關於「尊重生命」的層面。

雙魚座──冥后波西鳳

關鍵字：沉默、祕密、不可說破、受控制、渴望得到愛與慈悲、靈魂轉化的機會、心靈成長、關於「心靈感受」的層面。

數字一的牌組

真實的本色，你最鮮明的特質

權杖一　火元素：榮譽與地位

塔羅當中的火元素，連結到星座的皇帝牌牡羊座（艾瑞斯）、力量牌獅子座（赫拉克羅斯）、節制牌射手座（普羅米修斯）；也與星體上的太陽牌太陽（阿波羅）、高塔牌火星（賀菲斯托斯）有連結。

希臘眾神與相關的故事，圍繞著生命當中的榮譽與自尊，為了追求成功而燃燒自己的生命，努力釋放自己的生命價值。艾瑞斯是英勇的戰神，有強壯的體魄與堅毅的意志力，有力量追求與奮鬥努力；赫拉克羅斯是勇敢的表現，運用穿越生命挑戰的鬥志，推進自己的力量，改變自己，由內而外展現內在的力量，讓生命更加成功；普羅米修斯代表對崇高目標的道德感與責任感，為求成功靈魂必須聖潔，堅毅，不害怕與人為敵，相信自己內在高我的直覺；阿波羅展現生命的力與美，重視自己的存在，整合了艾瑞斯、赫拉克羅斯、普羅米修斯的能量；賀菲斯托斯是充滿智慧的工匠，代表生命的成功必須與自己內在的實力互相協調。

權杖一是一張生氣蓬勃的牌，生命是主動積極成長的，在自己充滿意願的行動下，會有豐碩的成果，必須整合由內到外的力量，整合身（艾瑞斯）、心（赫拉克羅斯）、靈（普羅米修斯）三個層次，鼓舞自己，創造良好的身體健康、短期目標、生命目標，喚醒自己內在的力量。要注意負面的權杖一會表現出身心靈失去平衡的狀況，過度在乎身體行動而缺乏堅定的信念、容易動搖、自我批

判、貪圖利益，而不在乎生命榮譽，對自己的高我缺乏連結，而失去穩定向前的力量。

聖杯一　水元素：愛與關係

塔羅當中的水元素，連結到星座的戰車牌巨蟹座（赫斯提亞）、死亡牌天蠍座（費頓）、月亮牌雙魚座（波西鳳），也與星體上的女祭司牌月亮（希拉）、女皇牌金星（愛弗羅黛蒂）、倒吊人牌海王星（波賽頓）有連結。

聖杯一連結的希臘神祇故事人物，在情緒層面都很容易受到影響，心裡有很多的愛想要給出去，但會有不同層面的表現方式，他們對情感有許多付出，在不同的層面，展現不同的愛的連結。赫斯提亞注重內在的安全感，從生活層面細微地觀察，透過實質的照顧給出愛，是犧牲與奉獻的愛，相信自己的愛能夠被接收，願意犧牲奉獻自己。

費頓想要得到注目的愛，在愛或關係當中，需要被看見，證明自己的力量，透過許多方式吸引注意力，想找到別人對他專注的眼光，透過被注意而感覺到愛。波西鳳是隱藏在背後的愛，含蓄的愛不願意說，內心是羞澀膽怯的，對親情與愛情較沒有決定權，容易臣服於別人，但也有對情感的貪婪慾望之隱晦企圖，必須先犧牲自己來換取情感。希拉是婚姻之神，掌管承諾與實踐承諾，對感情的忠誠要求很嚴格，要有最高品質的愛。愛弗羅黛蒂為了愛與美，願意花費力氣打扮自己，也代表在愛當中能自然展現美感與氣質。波賽頓是來勢洶洶的愛，熱烈渴望的愛，在愛裡面所有的

付出是因為想要愛，對愛有強烈的渴求，如果受過傷害可能轉換成強烈的排斥。

　　聖杯一是關於情、愛、關係的一張牌，在關係當中有許多不同的面貌，連結不同的希臘神祇，有不同的能量與形式。聖杯一是在內心滿足的時候給出愛，具有療癒性、滿足性、分享性、服務性的愛的能量，可能出現在親情、愛情、友情、夥伴之情等，是讓人對於愛有多層深刻體會的一張牌，可以自己選擇想要經歷哪一種形式的愛，全然經驗那樣的愛。負面的聖杯一代表容易因為當下的情感狀態，引發自己的負面情緒，如自卑、企圖復仇、忌妒、氾濫的愛，必須注意在情感當中沒有被滿足的那一面，從關係當中修復重新溝通，進入真誠溝通的管道，讓雙方努力地修補這段關係，或者為自己做出最好的決定、選擇最好的人。

寶劍一　風元素：情仇與思緒

　　塔羅當中的風元素，連結到星座的戀人牌雙子座（艾洛斯）、正義牌天秤座（雅典娜）、星星牌水瓶座（澤菲羅斯），也與星體魔術師牌水星（賀密斯）、愚者牌天王星（烏拉諾斯）、審判牌冥王星（黑底斯）有關。

　　寶劍一可以看到希臘神話當中，對於特定領域有獨到見解的人，對自己的想法充滿自信，也暗藏城府以及背後的思想。艾洛斯是風元素當中最坦白的人，卻因為聰明的腦袋，而喜歡賣弄自己的力量，讓許多事件有戲劇性的變化，最終還是要自己親身去體驗一次真實的生命經驗才算完整。雅典娜是溫和型的風元素，絕大

部分把自己的聰明才智，運用在創造與造福其他人，把聰明才智用來當作最佳的防守，讓自己的生命更加茁壯。

澤菲羅斯是用旁觀者的立場觀察每件事情的發生，透過觀察與旁敲側擊，也能夠經驗到自己沒有發生過的事情，增加生命當中內在的智慧。賀密斯是最佳的腦力智囊團，可以決定自己的思考，集中心力就能讓事件按照自己的規劃走，有很棒的規劃能力與編織事情架構的能力，在意識上有很棒的創造能力。烏拉諾斯顛覆了世界觀，創造了眾神，進行腦內的革命，展現嶄新的創意，最有獨特性。黑底斯擅長密謀策畫，也吸引了許多生命當中較為沉重的思緒與事件，代表在寶劍一當中，對於傷害與負面事件有敏銳的嗅覺，善用嗅覺可以讓自己避開負面事件，依然保持在對的道路上繼續努力。

寶劍一是具有清晰的思考力、決斷力的一張牌，事情剛要開始，甚至自己有能力把做到一半、別人放下的爛攤子，化腐朽為神奇。寶劍一有很棒的創造力，不畏懼負面的資訊與危機，勇於整合自己的內心，改變態度、多動腦、繼續想辦法，能夠創造許多奇蹟，這是心靈的力量。寶劍一代表充分的內心思考空間，能造就一個美好的完整計畫。負面的寶劍一會有過度依賴天分、逃避責任、一意孤行、過度自滿的能量，是因為內在的力量開始衝突矛盾，善用紙筆寫下，利用文字反省整理自己的狀態，也可以給自己更多時間，反覆尋找內在的良知；連結真心是雅典娜的能量，在溫和友善的能量當中，找回自己的力量，容易將過錯推卸給別人，當自己願意承擔就能夠推動生命的機會。

錢幣一　土元素：物質與享受

代表塔羅當中的土元素，連結到星座的教皇牌金牛座（狄密特）、隱者牌處女座（達芙妮）、惡魔牌摩羯座（伊底帕斯），也跟兩個星體有關，與命運之輪牌木星（宙斯）、世界牌土星（克羅諾斯）有連結。

錢幣一連結的希臘神祇，與物質世界、真實有憑據的權力慾望有關。狄密特是基本的物質世界，懂得運用物質來照顧自己與別人，提供生命滋養，是生命當中最基本的金錢與物質需求，基礎的生命品質。達芙妮是在社會架構當中，對於名分與堅固的社會道德和諧共處的能量，對於別人的評價、是否與人和諧相當注重，享受於人群的互動當中。伊底帕斯是負面的生命掌控的故事，遭遇生活環境的控制，讓自己失去改變生命的力量，被物質吸引誘惑，導致自己沒辦法做出自己想做的決定，也代表在其他人的安排當中過生活。宙斯代表幸運的基礎生命品質，能夠得到滋養，有相當好的能量讓自己成長茁壯，享受自己的生活所出現的物質，取材來自外界的物質架構，懂得回饋成為良好的能量流。克羅諾斯是保守的勢力，以緩慢拓展的步調去經驗生命。

錢幣一代表在物質世界、心裡的盤算，開始想要運作了，慢慢地看一個物件成長，計畫開始發芽，對生命緩慢前進的步調有信心，有耐心逐步培養自己成功。錢幣一在物質得到很好的照顧，相信這個世界是善意的，自己的努力有朝一日將要回饋給滋養你的人，這是一個善良的能量。負面的錢幣一代表在金錢物質上，過度的濫用或因為計畫不夠謹慎而拖延，保守的能量影響自己太多，

拖延事情的發展進度，如果願意動起來督促事情的發展，用合理的方式要求，就能改變阻塞的狀況。

數字二的牌組
內心想法與對立衝突選項的二元論

權杖二　火神與戰神：內在力量的平衡

火星在牡羊座。火星（賀菲斯托斯）：勤奮、努力、鑽研、自卑、埋頭苦幹。牡羊座（艾瑞斯）：衝動、理想化、結果論、一股腦。

賀菲斯托斯是內在醞釀的能量，力量在自己的心中，將自己的高我與行動，當作下一步的關鍵力量，自己決定就能算數。艾瑞斯是戰神的力量，對於生命的進度只想更快，不能容許慢，於是引發內在另外一股力量，是想衝動並迅速果斷地做決定。當兩股力量開始矛盾，產生了權杖二的能量：自己牽制自己，思考過多而無法果斷下決定。內在醞釀的能量期望自己能夠有一個最好的表現，但戰神能量引發自己只想趕快看到好結果，沒有更多耐心培訓自己，在這個時候該要整合自己心裡的想法，尋找自己的生命目標，暫時除去現實的利益問題，真實課題是做出決定，並且自動自發地創造成功的可能性，不必等待了，自己就是創造者。結合內在的穩定培養的能量，加上外顯的積極行動，能有充分結合努力與目標的狀況，鼓舞自己的生命變得更成功！

權杖二代表作決定的過程，對自己有太多要求與期待，在還

沒想好要負責承擔以前，容易有太多負面思考與對自己缺乏肯定，讓事件持續延宕。權杖二代表個人有許多創造能量，並且能周延整合類似領域當中的重要資訊，能提高自己成功的機會，相信自己有力量就會有好收穫，趕緊為自己決定成功的目標是什麼。負面的權杖二會讓賀菲斯托斯與艾瑞斯的力量，在事情還沒有明確獨創的方向以前，就已經聯手展現最衝動想要表現的一面，容易有表現慾望過度強烈、需要注意力、需要依賴他人才能成功等狀況。

負面的權杖二也有可能是過度依賴、能量消逝的狀況，在猶豫不決的過程，不信任自己而削弱自己，越想就有越多的擔心；是由於在生命當中，對自己的想法缺乏把握，必須回到練習階段熟悉自己的領域與專長，徜徉在自己的專業思維裡面，再度回到抉擇當中，能夠開始看清楚自己的真實需求是什麼，決定就能發自內心出現了。必須回到專業面，符合自己的專業與天性，從裡發自內心找到快樂，我做這個就對了的感覺，慢慢建立自己的方向感。內心一定有選擇，最後要看到自己的成果，如果沒有付出努力，就要回到原始面看到自信。

聖杯二　美神與守護神：我們內在對愛的渴望

金星在巨蟹座。金星(愛弗羅黛蒂)：愛與美。巨蟹座(赫斯提亞)：親密性。

金星代表愛、分享、情欲，是人跟人之間互相的吸引力，強烈的性吸引力。赫斯提亞跟人以親密為前提，內在的滋養，發自內心

的照顧。金星進入巨蟹座，變成兩個人開啟對愛的渴望，對情感開始有需求，想要透過愛來滋養彼此，不只是透過性。現在處於想要有很多互動、想要享受愛的感覺，還沒進入完全的性的能量，是情感層面的分享；對彼此眼神互相凝望，交換彼此的感覺，是談戀愛的好時機。

金星原本有太過耀眼、太過招搖自己魅力的能量，會被赫斯提亞的細膩柔化，柔化的效果把金星變可愛了，在保守裡看到真正的感情，這才是愛情。金星也會跟巨蟹座相互影響，發現情感原來是可以很細緻、細微，兩個人談戀愛的狀況下，金星本來以為要談一段轟轟烈烈的情感，或者是性與愛雲雨交歡的狀況，實際上，愛是真正心裡面的感覺，有沒有性在這時候不重要，真正重要的是我感覺到我們是相愛的，用心來溝通。彼此在感情當中感覺到細緻、高品質的質感。

寶劍二　安撫自己的情緒，靜下心來

月亮在天秤座。月亮(希拉)：內在安全感。天秤座(雅典娜)：智慧的判定。

希拉跟雅典娜能量的組合，是一個同樣生命當中有敏感區塊的人，他們處理敏感區塊的方式是希拉會企圖掩蓋，或者針對回憶反擊，並會對觸犯他情緒的事件有所反應。雅典娜面對敏感區塊的方式是不斷地進行沉思，這兩個力量交融，會有一個攻擊性出現，攻擊性是當我的回憶裡面，出現「我沒有受到尊重」、「我

要到的根本不是我要的」、「工作的處理方式不合我意」等，就會想要破壞；找一個人來承擔這個問題，這是一種不想承擔的慾望，而雅典娜能量讓這個人停下來想一想，他是來自於內在的良知，心中有一把天秤，我在這個地方是邪惡的，還是善良的。實際上他必須取得平衡，他要有多少善，因為他必須為真實的自己著想，他也要有惡，實際上他跟希拉一樣要保護自己內在的感覺，保護自己的情緒，從現在碰到的挑戰，尋找問題的解決方法。

　　需要很多的靜心，給自己反覆思考的空間，但不是反覆思考同樣的事情，會陷入膠著；應該思考的是生命想往哪裡走，為什麼會創造某些事情出來讓自己不舒服。天秤座在智慧的層面會自己不斷精進，月亮是內在情緒，整張牌是我在內在情緒裡自己溝通，尋找自己的良知，讓我的良知帶著我繼續往前走，這是我現在能給自己的力量。

錢幣二　獲得優勢並鍛鍊自己直到成功

　　木星在摩羯座。木星(宙斯)：福利、幸運。摩羯座(伊底帕斯)：資源運用的想法。

　　伊底帕斯在故事當中是個凡人，摩羯座的能量是沒有特別的自我認同，把自己看成一般人，碰到任何事件或挑戰，別人怎麼做他就怎麼做，按部就班、循規蹈矩。接下來木星的能量進來了，木星是擴張、滋養、幸運的能量，進入摩羯座會不會有能力消受呢？摩羯座會用自己的角度，來看給他很多福利的整個能量，但他畢

竟是凡人，想用大家處理事情的方式，來處理這麼龐大的好能量，導致以過小的觀點侷限在自己的視野中；心想反正自己的格局不大，慢慢消耗這股能量，反而能用得久，基本上沒辦法信任自己的格局可以擴大。

能量會來支持他，是因為靈魂早就想要成長了，想要成長而吸引財富或者一筆資源，他卻用小規格慢慢使用這筆能量，但能量也有保存期限，也會等待不了，有一天他會發現能量不見了，最佳的時間也過了。他習慣「即使有一大筆錢，我只拿一點點來運用」的作法，手上的兩個錢幣代表自己在思量，我有兩個但只用其中一個，甚至最好都不要用上；無限大符號代表如果願意完全操作自己掌握的資訊，力量是非常大的，生命有非常多的起伏，就像是後面的海浪，他願意讓自己的生命經歷起伏，現在得到木星最滋養、最豐富的能量，他就可以發揮到最大，所以他的生命可能在錢幣二，作出一個新的決定，可以三級跳，格局可以拓展得很大。

負面的錢幣二會沉溺在小格局裡面，非常輕鬆，有安全感，在自己感覺最舒服的情況下過日子，但要思考自己的舒適圈畫得太小，生命該在什麼時候超越舒適圈，錢幣二代表現在是好時機，也代表現在開始從長計議，如何每一分每一秒善用自己有的資源，讓生命不要白白走一趟，把握自己的時間是最重要的。

數字三的牌組

豐沛資源來臨，生命該如何做抉擇

權杖三　獲得前輩恩師的引導，逐步向上

太陽在牡羊座。太陽(阿波羅)：成功。牡羊座(艾瑞斯)：努力。

　　太陽重視自我，重視自己的才華能不能展現、付出的愛能不能得到回饋；牡羊座能量是想做什麼直接衝，充滿熱情、企圖心，當太陽遇到牡羊座，代表對成功有強烈的要求與慾望，已經進入一個他能做什麼，就會盡力讓自己成功的階段。沒事也會自己找事情做，哪裡有光就往哪裡站，有機會就會努力，別人覺得他傻裡傻氣、沒頭沒腦，只有他知道自己做的事情符合自己的生命，跟生命是契合在一起的，即使他把兩件不搭嘎的事情放在一起做，其實他的生命仍在繼續前進，別人怎麼看不重要。

　　太陽進入牡羊座代表新機會出現了，奇蹟式、突然地出現了，看到機會生命就會成功，機會的出現，也會激發自己的潛力，自己知道自己的潛力在哪裡，要探索自己的潛力找到答案，這是一張很有精神的牌。負面的時候會自尊過高，過度驕傲，覺得自己是對的，覺得別人不夠聰明；一旦開始自信不足，就會覺得自己狀況不好，容易放棄。負面容易把自己想歪，認為自己不夠好，就開始創造自己不好，實際上生命有很清楚的方向，不管正面、負面，方向感都很好，只有他能消化別人的眼光，相信自己不會失敗，即使已經被撞暈也不怕。有時候會做得比別人積極更多，會被別人削弱，但是自己做的是對的，要繼續堅持對自己的生命有好感覺。

聖杯三　我們期許能夠用語言傳遞愛的力量

水星在巨蟹座。水星(賀密斯)：傳遞訊息溝通。巨蟹座(赫斯提亞)：安全感、住家、溫馨。

水星負責傳遞訊息、學習、編織架構、讓更多人了解架構。巨蟹座是團體內的合作，生活方向如農耕、織布、女紅、男女分工合作。水星進入巨蟹座，代表他們的工作場合崗位，開始想要多說話、聊八卦，這是水星的能量來了。在織布的女人開始聊不同的八卦，聊到負面消息越來越興奮，原本大家都在自己的角落努力工作，水星的能量串起好奇心跟話題，原本大家通力合作完成事情，過去是完成農耕，現代就是團隊合作，這樣的合作關係出現八卦，人跟人透過八卦串聯起來，開始覺得自己容易做虧心事、害怕被抓到。

聖杯三代表在真實狀況彼此關心的時候，每個人的關係會越來越緊密，當語言力量開始更多八卦、更少真誠時，彼此會有防備心，擔心自己是被攻擊的目標，行動變得拘謹，團隊合作開始收縮，沒辦法向外發展，能力受阻。解決方法是學會把話說開，所有人都要在場，大家經過同意互相傾訴，斟酌進行溝通，就會有好能量。圖面上是大家都在慶祝豐收，打開天窗說亮話，把團隊合作弄得更明確。

寶劍三　泰坦領袖對智慧女神：反省自己的思辨

土星在天秤座。土星(克羅諾斯)：代表限制。天秤座(雅典娜)：智慧想法。

土星是悶、沉默、沒辦法真實表達、教條、很多道德規範在腦袋裡面。天秤座雅典娜心中有良知。土星是一種強烈控制力量，滲透得很自然，一對情侶在一起，女生有很多的掌控、很任性，在此情況中玩控制遊戲，自己的良知會知道這是一場遊戲；一旦有一天男生想要分手，女生會很難過，忘記自己做過什麼事情。曾經對別人做過什麼，但在良知上不敢去看真正做了什麼，自己會無法控制自己的故事，一個人失控、另一個人冷靜地看破了。

這是需要反省的時間，為什麼天空有烏雲下雨，因為自己做了不適當的事情，必須自我懲罰，痛哭或折磨身體，這是人生當中的一段反省過程，生命會有所改善的。反省的過程中依然在經驗生命，探索自己的狀況。要鼓舞他，給他很多愛、支持，在自我批判裡，這樣的人需要更多支持，總有一天會過去的。

錢幣三　火神試圖協助的改變：伊底帕斯的實力

火星在摩羯座。火星（賀菲斯托斯）：改變、神力、工藝。摩羯座（伊底帕斯）：需要幫助、命運、努力。

火星敲敲打打，摩羯座東征西討尋找價值。有野心想要去做什麼事情，現在想打天下、創造東西、寫計畫、完成現階段的工作。火星給你力量，需要武器工具或者內在力量，它都會給予，想鍛鍊自己就會吸引健身房的推銷、想品嚐美食就會吸引讓自己肚子餓的經驗再去大吃特吃，火星進入摩羯座會狂熱投入想做的事情，不會影響行動，只影響態度。努力起來會廢寢忘食，不間斷、沒有休息。摩羯座能量接管一件事情會做到最好，按照規則走，不

會因為急著做好就亂作一通，有條有理。牌面上的教堂很精雕細琢，結合企圖心快速地做好，但是必須有細工的部分都很完美，醞釀完之後他是很棒的，短期做好這個小目標，就可以站在完成的目標上看未來想做什麼，下一步是什麼。不論正負面的錢幣三都要思考下一步是什麼，我應該再做一點更大挑戰。

數字四的牌組

關於情愛、需求、安定的心聲

權杖四　愛弗羅黛蒂與艾瑞斯的一段情

金星在牡羊座。金星(愛弗羅黛蒂)：愛情。牡羊座(艾瑞斯)：身體、肉體、榮譽。

這張牌的牌面是很積極的，這是一個慶典，慶祝新居落成、國家有榮譽等。愛弗羅黛蒂要的就是一個完整的男性，他不需要有任何女性的愛；艾瑞斯要的就是完整的女性能量，他不需要雅典娜發動戰爭的能力、不需要希拉的氣勢，他要的是想像當中完美的性感女人，身材很棒、個性柔軟、受到侵犯會呈現忌妒，這張牌也有這樣的女性能量。這張牌代表各司其職，好好扮演角色，互相分配、情感出現激情，工作上會有火花，這是人與人之間良性的火花，大家能各司其職真的很棒，不必擔心是不是需要變成對方。

聖杯四　辨識你內心真實的需求

　　月亮在巨蟹座。月亮（希拉）：內心之家、安全感、母性、家庭、婚姻、情感關係。巨蟹座（赫斯提亞）：細心、照顧、撫育。

　　希拉管轄著婚姻狀況，赫斯提亞是生活層面、生活狀況。希拉跟赫斯提亞結合的能量，支持人有更多鞏固自己家園或個人的能量，以及家的安全感。月亮巨蟹座代表內心非常豐富，有很多很棒的滋養，但開始想要尋求外界的刺激。象徵人只要安定下來就會想作亂，放假休息久了就會想要回去工作，情感穩定了若沒有信心，就會想要改變對象等。

　　人的生命需要不斷獲得刺激，聖杯四代表想要刺激的渴望。在赫斯提亞保守的能量之下，會利用一些小動作去滿足想要的刺激，表面上會維持在規範當中的樣子。以前的人動不動就生很多個小孩，生活除了工作沒有其他事情，沒有避孕配套只是原因之一，由於性行為是生活得到刺激的一個方法，男人與女人對性的要求是一致的，在當時的希臘就有這樣的趨勢。困苦也要生小孩，要讓生活有刺激，內心要有滋養、安全感，對現況沒有安全感，就會想要做些什麼，讓自己感覺到存在與力量。

　　巨蟹座與吃東西有關，這張牌跟過度飲食、寵愛自己而改變身體狀態，以及過度消瘦（運動）或發胖（食物）相關。這是內心敏感的一張牌，想往外拓展，內心得到滋養，卻不想要這些滋養。一個從小到大都是公主的人，就會進入聖杯四的狀態，他希望生命當中被別人占有或者占有別人，這是希拉的能量，如果沒有辦法被滿足，就會投入到其他事情：內心的動機太隱晦，沒辦法說出

來，如果敢說出來進行溝通，現實生活就會改變，如果不說，就會持續對某一件事有上癮性行為。

希拉就會過度制裁別人，並有愛吃東西的上癮性行為；沒辦法占有宙斯因而想搞破壞，有時候是說說別人壞話，丟出負面的訊息來；也有可能讓自己內心不好過、睡不好。解除方法是好好休息，讓內心願意出現火花，自己尋找安全合適的火花來源。數字四是家人的連結，內心之家、安全感，一個人跟家人之間的狀況，沒辦法排解的話，負面的能量是永遠沒有安全感，即使成就很高，安全感依然沒辦法定下來。與家人關係處理好，感情就會成功。

寶劍四　駑鈍與精緻型思考的交互影響

木星在天秤座。木星（宙斯）：掌控慾望。天秤座（雅典娜）：智慧思考。

雅典娜是從宙斯的頭腦生出來的，宙斯能量是管轄部分卻沒有深奧的智慧；雅典娜善戰，卻對權力慾望一點感覺都沒有。這一張牌的占星符號能量可以互相配合，但如果一個人讓能量失衡，宙斯的力量是向外衝的，頭腦又認為我不應該有氣勢、要謙卑，氣勢就會被拉下來，讓自己沒辦法順利行動，內在會收到傷害。自己有要求過別人、發出氣勢想要得到尊重，但是頭腦不允許自己這麼做，希望自己保持冷靜，前後矛盾就會壓抑自己的氣勢。壓抑的同時，內在會出現抱怨，我想要成功有氣勢，但是頭腦不允許，所以我不喜歡我的頭腦，對頭腦有意見，批評自己、讓自己不快樂，逐漸開始影響自己的能量。

寶劍四會被挑起幾種情緒，第一種是對親情的遺憾，或者是對親情的渴望，或是懷念親情，第二種是對自己有強烈的批判，對別人造成攻擊，也會攻擊自己。好在跟家人還有連結，有家人的能量可以帶來療癒，需要回過頭去整理自己跟家人的感情。對自己有很多要求但是達不到，就會攻擊自己，生命太過禮貌是天秤座的課題，想要平衡二元世界，好壞、喜怒、哀樂、多少等，在信念裡面好東西跟壞東西就會接踵而來。

宙斯是木星的能量，開始擴展天秤座的能量，當好壞同時出現，好的被放大了，壞的也開始出現；這些能量出現，有人被寵愛的感覺被放大了，而有人被丟下的感覺也被放大了，人跟人之間的能量，開始越來越懸殊。放下平衡二元的能量，選擇自己的快樂，停止創造傷害。寶劍是念頭一閃過去，事實就會成真的能量，內心有很多恐懼，會一直跑出來，除非是宙斯跟雅典娜的能量結合，彼此互相認同支持，恐懼會轉換成平靜的感覺，二元消失了，完整的自己回來了。迷失自己就去整合自己，這就是寶劍四的歷程。

錢幣四　關上門，來一場坦白的自我檢視

太陽在摩羯座。太陽（阿波羅）：我就是、是非對錯、判斷、核心想法。摩羯座（伊底帕斯）：想要自由、想要依歸、遵循規則。

伊底帕斯的生命充滿曲折，牌面上這個人有很多自我保護，沒有人可以改變我、讓我動搖，這是伊底帕斯後來表現出來的生命狀態。太陽神和諧、充滿愛、不強迫別人而讓別人願意追隨他的能量。在生命當中看到可能性，生命是可以越來越好的，生命充

滿活力，即使現在被綁死了，很多事情教條，工作、情感、親情、人際、金錢、心靈等，當你被困住，會看到有一個楷模站在那邊是很快樂的。這世界上有很多快樂的人都是阿波羅的能量，告訴你：你也可以這麼好，不是特別幸運的人才能這麼好。

錢幣四是盤算思考，固守生命模式會無法放開自己，去跟別人分享心靈、情緒，如果願意放開自己，解開頑固的「我就是……如何如何……」的想法，就會回到真實的內心。錢幣四本身的能量是不分享，因為這是很重要的東西，我要留有很多自己的資產，不讓別人知道。這時候跟別人切斷關係，造成了分離，只用物質的層面來證明自己很好，但內心想與人分享的能量卻被限制住了。要去回想，我的生命幸福嗎？當在任何一張牌碰到狀況，都要回到寶劍四去處理，由內而外處理自己。要相信，我願意信任，我的生命可以是釋放的。

數字五的牌組

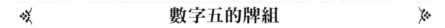

心靈提升的徵兆，作出決定改變自己

權杖五　泰坦領袖與人間英雄：截然不同的成功價值觀

土星在獅子座。土星（克羅諾斯）：制衡、內縮、控制、辛苦。獅子座（赫拉克羅斯）：神奇、動力、成功。

獅子座想要展現自己，但土星的能量進入，讓赫拉克羅斯判斷自己屬於哪裡，並選擇那一條困苦但充滿榮譽的道路，最初他

必須與其他人不斷抗爭戰鬥，奠定基礎的正面思想。權杖五是希望得到愛，生命想要得到肯定，每個人都想要接受肯定，挺身而出表達自己的力量，就會讓關係的連結變得緊張。恢復平靜，運用土星與獅子座各自的優點，讓團隊運用環環相扣的方式，支持彼此一起往上走，學習謙卑而不是耀武揚威，能量不同就會有不同的人生。

聖杯五　考驗你的自律能力，重回榮耀之路

火星在天蠍座。火星（賀菲斯托斯）：奮起、努力、工作。天蠍座（費頓）：受傷、失敗、渴望、欲求、努力、拚命。

火神與費頓的生命都曾有過一段孤獨的感覺，火神被宙斯從山上踢下來，費頓被第二世代的太陽神赫利歐斯拋下；在情感方面害怕被拋下，於是生命出現了韌性。火神學習精雕細琢，成為工匠之神，費頓想要駕駛太陽馬車；聖杯五代表讓生命得到注意力的方式，可以運用自然發光的方式，或者是搶奪與復仇，兩者的能量會影響所有人的觀感，至於注意力在自己身上是好品質還是嘲諷，靈魂會知道。靈魂想要得到支持，會吸引來鍛鍊自己生命經驗的力量，想要讓心靈變得更堅強，懂得讓自己的力量出現。

寶劍五　澤菲羅斯與美神：向世界宣告獨特性

金星在水瓶座。金星（愛弗羅黛蒂）：需要注意力、得到喜愛、表現魅力、給予付出。水瓶座（澤菲羅斯）：大愛、仁慈、內心滿足、扶持公益。

　　寶劍五是對自己有很高的喜愛、很高的滿足，澤菲羅斯對別人的生命是祝福的，要去祝福別人，注意力卻都在自己身上，假設一個智慧的長者支持別人的過程中，自我感覺過份良好，別人會感覺不到那個愛心，分裂就開始了。如果心力沒有集中在完全支持對方身上，被支持的人會感覺到自己被同情與施捨，因而出現分離與位階高低。要學會把注意力丟出去，愛弗羅黛蒂希望被人欣賞自己的美，澤菲羅斯吹風只是祝福每個人的生命。寶劍五的含意是每個人都要感謝別人的支持，把注意力放在自己之外，讓自己往前走，心懷感恩，放下自己很好、很棒的部分。

錢幣五　伸出援手，給予越多成就越大

　　水星在金牛座。水星（賀密斯）：溝通、語言。金牛座（狄密特）：情緒化、大變化、拒絕改變、心靈的需求。

　　金牛座大起大落很分明，如果在正面時是很棒的星座；錢幣五的暴風雪是狄密特影響的季節。狄密特因尋找自己的愛女而找了許多天神，但沒有去找賀密斯，消息靈通的賀密斯一定知道這件事，卻沒有插手，寧可袖手旁觀，害怕去觸碰到情緒的部分。水星碰到金牛座，會表現出有話不說，即使我了解也不會去提，不涉入其中。錢幣五代表袖手旁觀的態度，這絕對不是道德上有瑕疵，是對於人性、道德上的信任、溝通，或對於彼此的照顧有很多不安全感，不敢觸碰別人的情緒，害怕別人的情緒會改變自己的情緒，如果被別人影響，就會覺得自己不聰明、沒有優越感，必須去接受別人的生命並給予照顧。進行溝通或伸出援手是人跟人之間的連結，彼此連結會讓人變得更壯大。

數字六的牌組

無私的愛，懂得尊重、珍惜

權杖六　英雄惜英雄，慧眼識英雄

木星在獅子座。木星（宙斯）：權力、力量、給予、分享。獅子座（赫拉克羅斯）：被注目、英雄奇蹟、創造勝利。

赫拉克羅斯在肉身死亡後，得到宙斯的祝福，成為天神之一，他的生命不斷穿越挑戰不可能，宙斯賦予他更多戲劇化的成功，生命是得到正面讚賞的，所以有更多的自信享受自己生命的榮耀。權杖六代表滿足與對自己有源源不絕的自信，活躍在生命的舞台不斷閃耀。宙斯與赫拉克羅斯的相互鼓舞，在危急的時候，善用好能量，權力是從臨危不亂來的。負面的權杖六會想要摸魚直到成功，正面的權杖六知道遭遇的每一個挑戰，都是成功的基石，踏實才會讓自己在戲劇化中得到平靜，成功的可能性就會出現。

聖杯六　發自內心認可自己，不倚賴外界的掌聲

太陽在天蠍座。太陽（阿波羅）：給予、賜福、和善、支持、照護。天蠍座（費頓）：渴求、需要。

天蠍座是需要被關心，想要表現生命力量的內在動力。太陽神阿波羅滋養這樣的能量。聖杯六的能量是溫和的，費頓在想像當中得到滋養，開始滿足於自己的生命。可能有強烈的占有欲。聖杯六要小心自己內在想要占有的部分，除卻這個部分，聖杯六的

能量已經進入許多愛，互相尊重有安全感的歸屬。

寶劍六　幫助與服務是幸福的

　　水星在水瓶座。水星（賀密斯）：傳遞、流動、運輸、轉化、學習。水瓶座（澤菲羅斯）：愛、生命智慧、不變應萬變、生命本質。

　　水瓶座是廣大的社會責任感，與支持有關係，有公益、付出、給予等能量，水星會加快自己完成的速度，所以一定要先整理好自己，讓自己的能量很流暢。自己會碰到一些狀況，我知道該處理自己了，想要先讓自己很棒，再去支持別人，在做重要的事情以前，要先渡化自己的能量，揚聲自己、鼓舞自己，讓自己處理負面的狀態變得很好，處理一直以來，自己沒有照顧到的部分。只要牽扯到跟別人成功有關係的事情，去支持輔助別人，都會很容易成功。

錢幣六　無微不至的愛，需要學會彈性給予空間

　　月亮在金牛座。月亮（希拉）：內心世界、安全感、想被關注、得到收穫。金牛座（狄密特）：付出、給予、平衡、溫和、愛護、穩固。

　　月亮是安全感，金牛座是金錢。賺錢或給予錢，利用錢來完成安全感，另一手拿天秤，算計我給多少錢就會得到多少回饋跟尊重，彼此的利益相關。這其中的交易是不帶感情的，希拉是一個有強烈控制欲的人，如果對方不照著我的想法走，我就會忌妒、痛恨、想要破壞。希拉的能量進入金牛座，就會發現金牛座是愛好

和平,對金錢物質給予有天賦,透過天賦去交換別人的利益,背後的遊戲是強迫推銷。生命當中有很多強迫推銷,我們往往沒有意識到其先來後到,就會覺得生命很奇怪;我對他好,他卻沒有對我好,其實是我強迫推銷我的好給他。

認為先付出就該得到回報,就會卡在各種關係當中,放下算計,回到最後有自信的或最初想要真心愛人的狀態,那份滋養可以很真實。月亮的能量有時候會讓算計回到自己身上,如果把能量放出去,會是一種關懷的愛的力量。

 **數字七的牌組**

心靈的祕密,往心靈深處探索

權杖七　火神支持英雄:追求榮耀與堅毅的品德

火星在獅子座。火星(賀菲斯托斯):神力、力量、內在的力量、工具。獅子座(赫拉克羅斯):意志力、成功的感覺、預感、穿越。

赫拉克羅斯不斷穿越,完成十二項偉業,還依然繼續他的冒險。火星的能量是內在醞釀的力量,要讓自己的生命成功,所以交互影響,讓人想要拓展格局,打下最大片的江山,一山還有一山高,走到極限就換跑道,挑戰不會停下來,永遠都有新挑戰。火星提供內在驅動力與方法,火神打造器具,雅典娜曾幫助赫拉克羅斯去向火神借兵器,讓他完成十二項偉業,赫拉克羅斯從來沒被放棄過,資源一直都在,只是要記得堅持下去。在故事當中受到詛

咒時，赫拉克羅斯意志力開始薄弱，反映在真實世界是創造自己的毀滅與失敗來逃避責任，不必擔心，經歷脆弱以後，總有一天會站起來；旁人也可以提醒他，一切只是時間早晚，你可以自己決定，那麼能量也會轉變。權杖七知道生命會一直向前走，走到最好的狀態，權杖七是有力量並且不斷穿越的能量。

聖杯七　探索你的虛榮心：許願的當下你浮現了什麼

金星在天蠍座。金星（愛弗羅黛蒂）：祝福的、賜福的、享受、慾望誘惑。天蠍座（費頓）：渴求、貪婪、慾念。

開始稍微平撫，也開始想像自己生命有所匱乏的部分，金星是生命當中所有的良善面，當費頓有強烈渴求，同時又有這麼多良善面與豐盛可以選擇，會不曉得該如何做選擇。重點不是該選什麼，那都是虛無飄渺的，而是想要什麼，以及願不願意執行；想與做是不同的層面，天蠍座融合了聖杯七，一邊整合、一邊思考自己想要什麼，再去追求，生命才會成功。

寶劍七　希拉與西風之神：小我意識

月亮在水瓶座。月亮（希拉）：感受、愛、私密的、自己的。水瓶座（澤菲羅斯）：廣大的、大眾的、無私的。

對他人有很多解讀，會在小格局裡計較利益，避開去談合作。這是一個資源搶奪的遊戲，月亮與水瓶座不是資源的意象，實際

上搶奪的不是資源，而是彼此之間的信賴，是關於人性的信任層面。因為對人的不信任，所以開始算計，但實際上算不出什麼；對於人際關係、社會道德，需要有很多尊重，而在尊重當中去實行自己的意志，接觸與自己相關的資訊，沒有必要跟團體對抗。

錢幣七　泰坦領袖對豐收女神：安全感遇上挑戰

土星在金牛座。土星（克羅諾斯）：限制、縮減、內縮、不改變。金牛座（狄密特）：控制、不想改變、容忍。

金牛座是安全感的指標，土星是為了安全感而縮在框框內，土星的壓力進到金牛座，財務會開始縮減，但那是成長幅度的縮減而不是真實的縮減。成長的幅度變小，格局層面依然在擴大。錢幣七就是成長的幅度變小，人們會緊張，認為自己沒有力量了，並害怕土星力量的壓迫。金牛座代表我的生命富足沒有金錢困擾，這時候想理財是本能的反應，實際上理財與否都可以，更重要的是在生命當中，放下強烈需求的安全感，為了理財而消耗時間，沒辦法再創造，格局才縮小。成長的機會可能是更棒的理財機會，結合財富創造新的事業，他應該要繼續往下走，而不是停留在原地，看著樹上的果實傷腦筋。

數字八的牌組

運用才能展現出爆發力與最佳表現

權杖八　來自天上下凡的奇蹟與賜福

水星在射手座。水星（賀密斯）：頭腦、思考、組織能力。射手座（普羅米修斯）：理想、目標、很有想法。

射手座是重視體驗的人，一定要自己經驗很多事情，比方說看別人玩股票，就要自己玩玩看，重點不在賺不賺錢，而是自己有沒有經驗過。權杖八的水星在射手座，每件事情的重點在經驗，不是當次事件的收穫；體驗式的人生，就是會一關比一關更大，結局是什麼不重要，靈魂會有收穫。如果很快把事情做完，失敗了也沒有關係，生命是尋求經驗的。體驗式學習最棒的是不怕掉下來，他知道怎樣會掉下來，以及掉下來的感覺，因此不會再經驗這樣的事情。失敗是最寶貴的經驗，遠比成功更重要。不要擁抱失敗的經驗，讓經驗成為經驗，再成為力量，就不會卡在原處。

聖杯八　能者多勞，珍惜並愛護生命

木星在雙魚座。木星（宙斯）：權力、力量、友善改變。雙魚座（波西鳳）：沉默、接受、受到影響。

宙斯具有很大的力量，徹底介入別人的生命，給予改變的機會。即使生命曾經被動、受害、沒有人照顧（波西鳳的生命歷程就是被搶來搶去），心裡有決定也願意透露心聲，聖杯八的力量進來

推動你，不走都不行。機會來臨有時會很龐大，大到自己都知道沒
有道理要拒絕，有一些困難的事情已經慢慢被縮小了，如同原本處
在逆流的狀態，突然河水平靜了，何不趁機趕快往前走。把握機會
讓生命成功，這一次會比下一次更好。

寶劍八　宙斯與艾洛斯：生命的錯誤是一種收穫

　　木星在雙子座。木星（宙斯）：輪迴、運轉、機緣。雙子座（艾洛
斯）：創造傷害、找機會成長。

　　雙子座是頭腦很棒的星座。希臘神話中，艾洛斯初期不信任
也不尊敬人性與神性，他認為世界上只有利益衝突；他有很棒的
工具，可以促成人與人之間的良好關係，鉛箭可以化解衝突與憎
惡、平息憤怒，但把鉛箭拿來玩弄感情，這是對情感的不尊重與
無法信任之投射。拿箭射別人，讓別人去演出，他就覺得自己的人
生沒有問題，但艾洛斯不可能永遠讓別人去經驗，自己就有收穫。
其實艾洛斯很害怕，他的生命是痛苦的，有許多不必去信任各種
情感關係的理由。

　　此時宙斯的能量進來，宙斯告訴他，其實腳沒有被綁住，況且
你根本還站在這邊。你的生命是你的生命，放過別人，把你的焦慮
與恐懼發洩在別人身上，這個遊戲對任何人都沒有好處，趕快讓
自己走出來，不卡住自己也不卡住別人，寶劍八就有解答了：非常
自由，擁有宙斯的能量又善用雙子座能量，真心想要擁有愛，享受
在情感當中的細膩處。

錢幣八　戴上月桂樹冠的決心

太陽在處女座。太陽（阿波羅）：勇敢、追求、肯定、承諾。處女座（達芙妮）：堅持、純潔、自然。

當阿波羅追逐達芙妮之前，心中就決定一輩子都要對這件事情負責任，阿波羅不管追不追得到，依然願意一輩子愛對方。一個事件還沒開始發生，錢幣八已經出現了，代表機會只有一個，一輩子就在這個機會中努力下去，這是一種承諾的直覺。在專業方面開始有許多增長，不會流於一般形式，有自己獨到之處，按部就班並且堅持在專業上。

數字九的牌組

高我靈性能夠引導你成功

權杖九　智慧與靈性拓展的重要決定

太陽在射手座。太陽（阿波羅）：崇敬、被崇拜、英雄式的。射手座（普羅米修斯）：為民犧牲、服務、給予、先知。

傳奇性的自我認同，喜歡告訴別人自己有多傳奇，不斷地舔自己的傷口。當「我是傳奇」的自我認同出現，我就活過來了，陶醉在自我認同裡，生命停在此處，靈魂卻推著往前走，開始碰到各種機會。此時心裡會反彈，開始自我保護，在悲觀的情況下，讓原本的目標打折扣。生活不會往前走，所以要讓生命往前走，停止扮演一個傳奇故事，當自己對生命還未滿足，就要讓自己支持到成功。生

命會有轉變，能支持權杖九願意往人生高端走，靈魂被支持後，
諮詢者的靈魂也會往上揚昇。

聖杯九　宙斯對冥后：慈善心與願意付出的心

　　木星在雙魚座。木星（宙斯）：擴張、表達友善、好人、祝福、好
能量。雙魚座（波西鳳）：接受、愛、慈悲。

　　與聖杯八相位相同，但是能量的觀點不同，聖杯九是雙魚座的
角度。波西鳳得到宙斯的幫助，生命開始來回走，他把生命切割給
別人，讓別人支配他。聖杯九有可能讓別人過度操控支配，能量不斷
給出來，生命會被耗弱，因為自己沒有尊敬自己。如果明白此時其實
每個動作都是「給愛」，要觀察別人接受了多少，我還能給多少，把
注意力放在別人身上；真正分享自己的好，對方會得到更好的能量，
自己也會得到回饋。宙斯的介入會增加生命的自由度跟彈性，如果
有機會告訴宙斯，我再也不想回到地府，我想要回到地上，支持別
人，想要照顧更多人，在這樣的情況下，生命會有豐沛的愛。

寶劍九　火神為艾洛斯埋下生命轉變的伏筆

　　火星在雙子座。火星（賀菲斯托斯）：創造、工藝、方法、可行
性。雙子座（艾洛斯）：體驗人生、觀察、學習。

　　賀菲斯托斯為艾洛斯設下了一個很特別的伏筆。艾洛斯剛出
生就是愛神，但手上拿的是玩具弓箭，賀菲斯托斯為他製造了愛

神的弓與箭，箭的能量是火神與艾洛斯一起賦予的。火神如果沒有為他製作出這樣的道具，艾洛斯也不會有機會與賽姬有那一段故事，並從孩童變成青年。寶劍九出現，假如一個人生命當中，對別人有太多的批判，導致晚上睡不著覺，或者太敏感，人生就會苦痛；把痛苦轉變成從中學到經驗，就可以穿越，穿越以後，雙子座的能量會被發展成每一個動作都有愛。雙子座向來都認為自己不需要愛，可以很瀟灑，實際上他們把感情看得很淡，利用感情裝飾自己。做公益、支持別人、照顧別人，雙子座力量可以透過感情來增加自己的力量。寶劍九是很有愛的力量，端看你要把這樣的能量拿來愛恐懼，還是愛上自己「愛的力量」。

錢幣九　人性的鍛鍊：管理自己的慾望

金星在處女座。金星（愛弗羅黛蒂）：愛的能量、光芒、享受、樂趣。處女座（達芙妮）：經驗生命、樸素、單純、靈性。

愛弗羅黛蒂的能量進入達芙妮的能量，就是很大的改變。達芙妮是很漂亮但不懂妝點自己能量的女性，就算達芙妮開始有物質享受，也不放棄自由，他知道自己的靈魂永遠是自由的（永遠在森林裡面打獵），但可以在物質世界中，嘗試一種我想要把自己裝扮得很美麗的經驗。讓我有很高品質的生活，當他開始進入物質世界，會很刻意地去享受，享受完了，就自在地回到靈性世界；也有可能是刻意到物質世界，去散布靈性的觀點。他是一個充滿靈性的高貴貴婦。

數字十的牌組

突破現在的生命格局，迎接新生活

權杖十　掌控慾望與高我意識的平衡

土星在射手座。土星（克羅諾斯）：制約、統治、獨裁。射手座（普羅米修斯）：崇高、承擔人民、高等智慧。

土星掌控欲望很強，希望一切按照自己的邏輯思考走；射手座是想要承擔很多，背負很多靈魂成長的責任，靈魂必須崇高有價值，生命不斷追求價值，過度承擔就會困在掌控欲望裡，善良的掌控欲望會讓他沒辦法跳脫這個互動，是很沉重的壓力。過度承擔就要注意幾件事情，第一是身體有沒有辦法撐下去；第二是有沒有辦法放下，當想放下卻沒辦法放下，對於自己背負的責任會有不耐煩的情況，開始敷衍了事，事情會越滾越大，形成惡性循環。要先回歸到生命想要什麼，去承擔個人想承擔的部分，決定承擔多少就會決定格局拓展多少。先了解自己的能力，再從原點慢慢地拓展，太多壓力會脫序、失去力量，背負太多責任，會失去能力，應慢慢地重新燃燒起來。

聖杯十　將豐富的情緒遁入幕後，因為愛而願意容忍

火星在雙魚座。火星（賀菲斯托斯）：埋頭苦幹、自己的世界、不多話、在自己的世界裡。雙魚座（波西鳳）：沉默、不願意說話、停止溝通、內心戲劇化。

火神與冥后之間有種諜對諜的感覺。火神的妻子愛弗羅黛蒂，造成波西鳳必須在地面與地下世界來回穿梭，他們並未實際談到彼此該為這件事付出的責任，但火神很清楚波西鳳對愛弗羅黛蒂的攻擊性，他們之間有一些隱晦、潛在的攻擊力沒有拿出來；賀菲斯托斯則能擔任愛弗羅黛蒂與波西鳳之間的溝通管道，達成和解。

火星在雙魚座代表有想要破壞別人的衝動，暗示其內在無法溝通，想要愛人卻愛不到，所以有攻擊力量，進行溝通就沒有破壞的力量。反向的聖杯十，容易出現負面觀感，有強烈排斥，一旦排斥出現，讓我們來看看你可以跟誰一起解決事情，達到合作，找到合作的平衡點，事情就能解決，而在那之前必須先放下一個關卡，就是再也沒有利益可圖，只剩下合作，但合作可以創造更多可能性與愛，才是最棒的狀況。

寶劍十　太陽神與艾洛斯：了解生命

太陽在雙子座。太陽（阿波羅）：屹立不搖、堅持、自信、生命體驗。雙子座（艾洛斯）：遊戲、觀察、挑釁、成長機會。

雙子座本身的能量加入了特別的自我認同。艾洛斯與阿波羅的戰爭，是由艾洛斯所挑起，因為他的不服輸，也掀起了太陽神追逐達芙妮的過程。艾洛斯看過這個過程很驚訝，期間阿波羅雖然被整，卻也得到月桂樹的重要象徵，讓艾洛斯明白生命當中必須經驗真愛，於是沒多久就發生了賽姬的事件。生命會快速地看到遊戲，處在客觀中就知道生命會如何發展，會清楚別人卡在感情、

工作、金錢上，內心則害怕自己也會卡住。同時也害怕能量會到自己身上，出現擔心代表內在害怕面對，但靈魂想要去經驗，如果馬上去體驗，就會進入下個循環，從寶劍十再度循環到寶劍一，會有一個新的層面出現。幸福快樂在於自己的選擇，去經驗自己要的、害怕的，讓生命進入下個循環。

錢幣十　信使的惡作劇

水星在處女座。水星（賀密斯）：資訊傳遞、流動、情緒的傳遞、惡作劇。處女座（達芙妮）：正義、心中的道理、自己的立場、相信。

達芙妮總是需要一個力量，來幫他宣揚高層次的想法是什麼，想要堅持地把能量說出來，像是隱者宣揚真理。錢幣十的能量是大家各過各的，有很好的物質生活，開始準備邁向心靈生活。處女座的能量是每個人生命都有一套真理，在水星的能量會互相傳來傳去，除非大家有默契、有結盟，否則當有不同意見出現，水星的能量就會有惡作劇的遊戲，讓人想互鬥，大家就沒辦法進入靈魂世界。好的作法是大家坐下來一起談，過程中要放下曾經玩的邪惡遊戲，透過說話來表達立場，清楚地表達聖潔的一面，達成共識，靈魂意識的成長就會很快。我們不把自己的私密與企圖，例如搶奪或發懶等，丟出來讓別人為自己承擔。一定要有一個人正義凜然，不去提及個人的利益，他會有權力可以調節大家，成為榜樣，手腳與思想乾淨，處理好自己，成為領導者。一個人可以影響一個團體，尊重自己並自愛，一起往更高層次發展。

宮廷牌組

　　在神話塔羅當中，我們不使用一般的宮廷牌組系統，而採用元素搭配的系統。權杖（火）、寶劍（風）、錢幣（土）、聖杯（水）四個牌組，分別再區分出火、風、土、水的系統，總共有十六個組合。每個元素各自代表他們獨特的意義。

　　四個元素X四個宮廷職位，我們介紹二十二個天神以外的神話經典故事，是你不能不知道的人格側寫、是我們人生必經的事件旅程。權杖宮廷牌組象徵我們克服萬難的勇氣、寶劍宮廷牌組象徵我們運用人性智慧的光輝迎接挑戰、錢幣宮廷牌組象徵我們與物質社會的互動、聖杯宮廷牌組象徵我們為了情愛所付出的一切與樣貌。

權杖──天神的尊嚴與內在渴求的榮耀

特洛伊戰爭

　　凡是提及希臘神話與希臘的歷史，便會聯想到著名的特洛伊戰爭。這個戰爭源自兩條劇情線，一邊是傳說出生會禍國殃民的王子帕里斯，逢出生就被丟棄，一路輾轉，長大後光榮返國，雖更換了不同的名字，最後依然作回自己。另一邊是完美的海女神特媞思，姣好的他具有多變的法力，令所有天神極其欣賞，卻因神諭顯示特媞思的孩子將推翻父親，讓眾天神紛紛打退堂鼓，並將這位完美的女神嫁給凡間一位不甚出色的王子，好平衡所有男性天

神的自尊心。

特洛伊戰爭是帕里斯選擇戀愛後，引發後續一連串天神與人間之矛盾的戰爭，不管是天神，或是凡間不同國籍的人類，為爭求自己的榮耀與尊嚴，不願互相低頭，因而越戰越強，歷程相當壯烈。從中我們見識了人類在戰爭裡的悲壯與決心，天神之間的權力鬥爭，不管是哪一邊，都對自己的生命有堅定的信念，不容他人摧毀，也象徵火元素為我們的生命帶來的強韌。

權杖之土：特洛伊戰爭最偉大的英雄阿基里斯

希臘城邦的英雄阿基里斯既不追求實質的功名，也不追求苟且永生，與其默默地男扮女裝、度過餘生，他寧可選擇踏上戰場，轟轟烈烈、無損對自己的期許，渴求成為好榜樣。畢生不移改的強烈性格，造就一個人人為之稱羨的希臘英雄，驍勇善戰的實質英雄角色。

權杖之水：特媞思──完美又變化多端的海女神

這位美妙的女神，既多變化又有主見，為求滋養自己的小孩，設定一系列訓練過程，雖然因為粗心大意而誤傷自己的孩子，最終還是培育出全希臘引以為傲的英雄阿基里斯。

權杖之火：女權、智慧、美貌的三位女神，聲討金蘋果與帕里斯

希拉、雅典娜、愛弗羅黛蒂，三位女神一起出現，強迫帕里斯抉擇哪一位女神最美麗，最值得領取極度珍貴稀有的金蘋果；帕里斯選擇了愛弗羅黛蒂，因為愛弗羅黛蒂承諾將為帕里斯吸引全世界最美的女人，而最後也成真。帕里斯總算贏得美人歸──大美女海倫為他傾倒，不巧的是海倫已經是王子之妻，即將成為皇

后，帕里斯不顧眾人反對與海倫私奔，因此引發了長達十年的特洛伊戰爭。

權杖之風：帕里斯的流浪身世

帕里斯尚未出生，就遭到預言家斷言這位孩子將徹底破壞自己的國家。在流放的過程中，好心的牧羊人不忍初生生命遭遇自然的襲擊，親自扶養，帕里斯就這麼長大成人。為求掩人耳目，帕里斯在牧羊人撫養過程中，被叫做亞歷山大，而後茁壯且依靠自己的英勇與俊美，受到眾人矚目，這才光榮地返回家鄉，正式回歸成為特洛伊城的王子。

寶劍——人類與天神的過渡帶：智慧與思考、人生的自由

奧德修斯的歷險

奧德修斯在特洛伊戰爭的故事中便已出現，例如木馬屠城記便是他的主意，也讓特洛伊城就此陷入慘敗，是相當成功的希臘戰士與策師。在寶劍牌組，我們將提到他在特洛伊戰爭之後，輾轉回到自己家鄉的過程。奧德修斯得罪了海神，因而受到詛咒，不得以完善之身回到自己的家園，即使回到家園，也將沒有任何人、任何事物屬於他，一切終將回到原點。奧德修斯象徵著人類能夠與天神對抗，雖然故事中，他都是無意間混入神與神的愛恨情仇，卻也能夠讓讀者體驗到，既然天神們能夠理解人性，那麼凡人何嘗不能感染更多的神性，更加了解宇宙的運行與變化，皆以愛與正義為主呢？

寶劍之土：奧德修斯會面人間英雄阿基里斯之魂

奧德修斯冒險穿越死亡火山的過程中，釋放了許多亡魂，也見到因特洛伊戰爭而光榮殉戰的阿基里斯的靈魂，阿基里斯之魂彷彿換了個性一樣，軟弱而疲累，訴說著對自己殉戰的後悔。但在奧德修斯的心裡依然記得，那個英勇的阿基里斯堅毅地說出，他不後悔人生的奮戰，如果死亡了，一切的努力都可能消失，那麼何不拚到底，取得人生的尊嚴，並且測試能否留下具有價值的東西呢！在最光榮的時候死去，留下了高貴的情操。這前後反覆的說法，讓奧修德斯玩味了許久。

寶劍之水：奧德修斯與獨眼巨人謀影重重

奧德修斯對峙獨眼巨人，不是泰坦伊族的獨眼巨人們，而是海神波賽頓的兒子們。這位聰明的航行者順利地直搗獨眼巨人的巢穴，偷取食物與資源，佯裝友善實則布下天羅地網，正當貌似得勝，傷盲了獨眼巨人，也保密自己名諱的當下，卻妄言說出自己的名字，讓海神波賽頓有機會對他下達詛咒，引發自己的不歸路。假如堅守著自己的祕密直到興奮過後，那麼奧德修斯的旅程將會多麼平安順利呢？

寶劍之火：奧德修斯航隊險遇仙境與忘憂果

初到從沒拜訪過的海域，奧德修斯迷失了方向，此時遭遇兩方危機的夾擊，一邊是不滿天神與巨人的人間仙境——已經相當接近天神們居住的地方，凡人一旦照耀到神光的高頻率光線，便可能造成生命的危險，因此得趕緊逃離；另一邊卻看見一座彷彿是和平之島，卻布滿了忘憂果，令人不僅遺忘傷痛、害怕，更忘記自己是誰、愛誰、尊敬誰、想去哪、有什麼責任與使命。奧德修斯

毅然決然抓回自己的探勘部隊，離開這兩個不恰當之地。

寶劍之風：美酒背後的陷阱──太陽女兒的寵物遊戲

　　第二代太陽神赫立歐斯的女兒奇耳可，招待奧德修斯的探險隊品嚐美酒，人人卻都變成了可愛動物，奧德修斯所幸有信使賀密斯相助，脫離了險境，並馴服這個內心孤單的太陽女兒奇耳可，過上一段幸福纏綿的時光，但因為奧德修斯擁有安全回家的使命感，因而再度踏上旅程。

錢幣──淬鍊，以及改革人與人之間的不平等

酒神戴奧尼索斯

　　這個自行研發釀酒技術的天神，雖然是半人半神，但伴隨著他強烈的影響力，即使許多天神不喜歡他中性神祕的扮相，卻不得不承認他做了**轟轟**烈烈的人權轉移大事。戴奧尼索斯的出生並不受歡迎，由於他的親生父親是宙斯，母親卻不是希拉，希拉因心生妒忌而施展破壞計策，使得戴奧尼索斯的童年生活相當坎坷。當他挺過這些複雜的際遇，帶著勇氣回到他出生的國度，並且在這片土地上，發揮自己的想法：「人與人，為什麼有這麼多的階級，如果天神計較自己的位置，那麼我們人類能不能透過扮演自己的責任角色，而放棄其他的道德限制呢？」這些問題，自然有不同的哲學論述，然而戴奧尼索斯對於自己的想法信心滿滿，並且擁有全面性的心理準備，如果在這一世不被接受，那麼他將在下一次轉世繼續努力，他被視為革命家的先驅。

錢幣之土：戴奧尼索斯症候群，蔓延開來的影響力

戴奧尼索斯憑藉著強烈的個人形象與自信，並且透過實質的辯論，成功地散發了「戴奧尼索斯的病毒及其症候群」，讓許多人狂熱於人權的改革。

錢幣之水：讓全城婦女陷入熱切女權運動的魅力

不靠一滴酒，單憑著生動的演說、深刻的關懷，戴奧尼索斯讓全城的婦女對他充滿敬佩與狂熱，認同他的價值觀。這就是他具有的群眾魅力，深入人心的言論，讓人感受到關懷的同時，也願意出一份力量改變環境，是相當有使命感的生命能量。

錢幣之火：記憶中的舊仇，戴奧尼索斯導演大局

當戴奧尼索斯還是胎中的嬰兒，就隱約知道，他的親生母親受到了他的表親——後來成功得到王位的表哥，無情地冷落與陷害，對戴奧尼索斯來說這是無法接受的仇恨。因此他透過長久的布局，趁著「戴奧尼索斯症候群」成功地散發開來，誘使表哥因誤會而在自己的親生母親手裡失去生命，達成復仇計畫，在酒神瘋瘋癲癲的外表下，其實擁有精準的邏輯與計策，並且懂得善用局勢與布局。

錢幣之風：戴奧尼索斯的雙重誕生

戴奧尼索斯被一位公主孕育著，這位公主好奇宙斯的面貌（宙斯遲遲不願讓他看見，因為凡人見到天神的光芒會無法承受），宙斯在公主種種保證之下，袒露了真面目，卻引發公主全身起火，眼見這位懷孕六個月的公主性命即將不保，宙斯取出了仍在胎中的嬰兒，並縫進自己的大腿，繼續孕育著這個生命。戴奧尼索

斯經歷了雙重的出生，一次是來自母親紮實的生命誕生、一次是透過父親的孕育，形成的社會形象。

聖杯——愛情當中的矜持與欣喜

月神阿媞彌斯的愛情故事

　　阿媞彌斯是神話當中第三代的月神，與他的親生弟弟阿波羅一起掌管日月交替。阿媞彌斯相當有個人主見，是神話中三位處女神最神祕的一位，由於他並不主動生事，也不會有人刻意找他麻煩。他隱居在森林中，愉快地狩獵、度過每一天，但這樣的月神為什麼會與象徵著愛恨情仇的聖杯有關連呢？

聖杯之土：孕育森林與情感的肥沃森林

　　阿媞彌斯除了晚上的工作必須徜徉於天空當中，其餘時間都在樹林裡狩獵、守護，並且接受人類祈求生子的願望，施展能力賜予他們祝福。在森林裡，有許多小精靈、花朵、樹木，充滿生命力的地方，正象徵著一切都有可能出現，但也都會遵循著自然的法則，興盛衰敗，都進入循環，有喜有悲、有聚有散。

聖杯之水：夜晚天空唯一的皇后——月神阿媞彌斯

　　阿媞彌斯平常在森林當中清高素雅，帶著一股難以馴服的英氣，卻也同時夾雜著清純的女神氣息，相當美麗。謠傳阿媞彌斯不僅要求自己，也要求自己神殿當中的所有女性祭司，必須與一起遵守女性之美——貞潔，相較於男性之美——英勇，阿媞彌斯更傾向以自己的方式，呈現最高尚的情操。當阿媞彌斯在夜空當中照

耀著大地，也是月亮的能量最能夠撫育大地、滋養生命的時刻，從前的人相信，夜晚使得生命更安穩、更茁壯。

聖杯之火：百發百中，巾幗不讓鬚眉的氣息

狩獵當中的阿媞彌斯，有著強烈的英氣，以及不輸太陽神阿波羅的箭法。由於阿波羅不忍心自己的姊姊因談戀愛而失去了自我的承諾──保持貞節，因此設計讓阿媞彌斯射殺自己心愛的男人，這讓阿媞彌斯後悔莫及，卻無力回天。因為感情的矛與盾（保持貞節或是選擇愛情），而無法面對其他天神，阿媞彌斯往後便終身隱居在森林當中。

聖杯之風：月神給予的靈感之吻，創作文思泉湧

阿媞彌斯曾經與幾位牧羊人有過一些暗戀情愫，由於阿媞彌斯決定不再出現在男人面前，所以一旦有愛戀，都以天神的力量漂浮在雲端上，然後趁牧羊人休息打盹時悄悄親吻，這些壓抑已久的吻，為牧羊人帶來源源不絕的靈感，並且成為相當具有創意與發想能力的創作者。

召喚幸福天神

∞

　　符號象徵是一個歷史演變的意義，從人類被普羅米修斯創造以後，人類正不斷地透過自己的努力，記憶發生的一切與符號的關聯。至今所有符號，都已經深植在我們的靈魂裡面，有時候我們不必學習，就會對某些事情感到舒服。像是一個笑臉讓我們跟著微笑、紅色的東西讓我們想到生命、白天有精神、晚上感到安靜。

　　這些象徵符號，除了直接配戴在身上以外，我們也可以有意地製造，這就是風水。在神話塔羅的風水系統當中，製造風水會擺上與希臘神話相關的顏色、象徵物、格局，留下風水，這是我們主動的改變。

　　另外一種方式，是在環境領域當中，透過找到一個印象，而召喚天神的力量，天神的能量本來就無所不在，我們需要將祂們召喚至此，怎麼召喚呢？

　　我們的眼睛。

　　我們的眼睛是許多影像的連續播放，然而當你看見一個象徵符號，符號的影像進入你的記憶當中，短時間你不會馬上忘掉，這時候天神的能量，已經被你召喚出來了。

　　也就是說，當你能夠找到一個符號，能量已經開始改變，所以有時候當你要召喚某些天神能量，就在你的環境當中找到相關的東西。有時候會同時出現許多天神的能量，一個地方不見得只能有一個天神的能量喔！

　　值得強調的是，以下提到的象徵物或者顏色，都是以你眼睛看得到的為主，未必一定得穿戴在自己身上。只要你環顧四周，能夠發現你想要找的象徵物，就代表天神已經召喚到你身邊，給你所需的支持力量。有時候看見會比穿戴來得更好，例如想要召喚希拉的權威能量，自己戴著髮夾卻看不到，而別人戴著的髮夾頭飾就可以輕易看到，這便是成功地召喚天神的力量了！

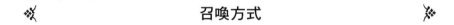

召喚方式

1.辨識自己現在需要哪一位天神的能量？
2.在心裡許下願望，你希望透過天神的能量協助你達成什麼？
3.在你所處的環境當中，現在有哪些天神的能量在你身邊？
4.告訴自己，你看見了哪一個天神與你相伴，就召喚成功了！

　　有時候，我們想召喚的天神不見得會有對應的象徵物，但你會發現一個空間一定會有某些天神，代表你可以先透過祂們的模

式與能量，穿越當下的挑戰，讓你有更不一樣的視野去解決你當下的問題喔！

1. 魔術師：信使之神——賀密斯（Hermes）

能量：表達能力、演說能力

象徵：翅膀或羽毛、鞋子

意義：賀密斯的飛天鞋

2. 女祭司：天后——希拉（Hera）

能量：權威感、事業衝刺力

象徵：任何頭飾或髮夾

意義：希拉的天后頭飾

3. 皇后：愛與美之神——愛弗羅黛蒂（Aphrodite）

能量：愛情的吸引力、號召力

象徵：光暈、金色

意義：愛弗羅黛蒂誕生的光暈

4. 皇帝：戰神——艾瑞斯（Aries）

能量：勇氣、決定與意志力

象徵：紅色

意義：戰神於戰場上征討的鮮血

5. 教皇：豐收女神──狄密特（Demeter）

能量：財運、豐盛的享受生活

象徵：水果

意義：狄密特的照護成果

6. 戀人：愛神──艾洛斯（Eros）

能量：整合伴侶關係

象徵：圓弧線條（例如時鐘的邊緣、鍋子的邊緣）

意義：愛之弓箭

7. 戰車：家庭守護神──赫斯提亞（Hestia）

能量：化險為夷、受到保護

象徵：蕾絲

意義：白色蕾絲象徵赫斯提亞的純潔與善良之心

8. 力量：大力英雄──赫拉克羅斯（Heracles）

能量：強烈的群眾魅力、獲得景仰尊重

象徵：手環

意義：赫拉克羅斯的護甲

9. 隱者：被追逐的愛──達芙妮（Daphne）

能量：翻轉誤會、澄清自己的立場

象徵：眼鏡

意義：達芙妮經常戴在頭上的小花朵（協助辨清真相）

10. 命運之輪：天神——宙斯（Zeus）

能量：竄升地位

象徵：閃光、圓形物

意義：命運之輪的象徵（宙斯是雷神控制閃電與打雷）

11. 正義：智慧戰神——雅典娜（Athena）

能量：協調與談判能力

象徵：成雙成對出現的東西（例如筷子、手套）

意義：雅典娜神殿的二元對立之柱

12. 倒吊人：大海之神——波賽頓（Poseidon）

能量：整理情緒、穩定心情

象徵：藍白相間的顏色

意義：波賽頓駕馭的海浪

13. 死亡：迷失自己的馬車——費頓（Phaeton）

能量：喜愛自己、照顧自己

象徵：白光、日光

意義：抬頭看天空

14. 節制：創造人類之神——普羅米修斯（Prometheus）

能量：提高目標成功率、增強自信

象徵：火或是火的影像

意義：火種

15. 惡魔：複雜的誤會情節——伊底帕斯（Oedipus）

能量：征服、克敵制勝

象徵：剪刀、美工刀、任何刀劍類

意義：伊底帕斯流浪相隨的武器

16. 高塔：工匠火神——賀菲斯托斯（Hephaestus）

能量：增加事件或是能力的精緻度

象徵：任何五金用具

意義：火神的工具

17. 星星：西風之神——澤菲羅斯（Zephyrus）

能量：祈福、祝福平順安全

象徵：風

意義：西風神的祝福吹氣

18. 月亮：冥后——波西鳳（Persephone）

能量：忠誠與保密

象徵：任何花朵

意義：波西鳳最喜歡的花朵

19. 太陽：太陽神——阿波羅（Apollo）

能量：名氣、建立形象

象徵：車子

意義：阿波羅聲名遠播的太陽馬車

20. 審判：冥王──黑底斯（Hades）

能量：財富、儲蓄

象徵：水流

意義：黑底斯相關的冥河（具有療癒、蛻變、提升神性的能量）

21. 世界：泰坦領袖──克羅諾斯（Cronus）

能量：充分發揮時間、守時

象徵：土壤、深咖啡色物品

意義：克羅諾斯的工作場所（在大地之上）

22. 愚者：天空之神──烏拉諾斯（Uranus）

能量：創新格局、新氣象

象徵：雲朵、棉花

意義：烏拉諾斯徜徉在雲朵當中（棉花是雲朵的類比）

BF6020
希臘神話占星塔羅

作　　者──寶靈、恩希
責任編輯──曾曉玲
編輯協力──劉枚瑛、林育如

版　權　部──翁靜如、吳亭儀
行銷業務──林彥伶、張倚禎
總　編　輯──何宜珍
總　經　理──彭之琬
發　行　人──何飛鵬

法律顧問──台英國際商務法律事務所　羅明通律師
出　　版──商周出版
　　　　　臺北市中山區民生東路二段141號9樓
　　　　　電話：(02) 2500-7008　傳真：(02) 2500-7759
　　　　　E-mail：bwp.service@cite.com.tw
發　　行──英屬蓋曼群島商家庭傳媒股份有限公司城邦分公司
　　　　　臺北市中山區民生東路二段141號2樓
　　　　　讀者服務專線：0800-020-299　24小時傳真服務：(02)2517-0999
　　　　　讀者服務信箱E-mail：cs@cite.com.tw
劃撥帳號──19833503　戶名：英屬蓋曼群島商家庭傳媒股份有限公司城邦分公司
訂購服務──書虫股份有限公司客服專線：(02)2500-7718；2500-7719
服務時間──週一至週五上午09:30-12:00；下午13:30-17:00
　　　　　24小時傳真專線：(02)2500-1990；2500-1991
　　　　　劃撥帳號：19863813　戶名：書虫股份有限公司
　　　　　E-mail：service@readingclub.com.tw
香港發行所──城邦(香港)出版集團有限公司
　　　　　香港灣仔駱克道193號東超商業中心1樓
　　　　　電話：(852) 2508 6231傳真：(852) 2578 9337
馬新發行所──城邦(馬新)出版集團
　　　　　Cité (M) Sdn. Bhd. (458372U) 11, Jalan 30D/146, Desa Tasik, Sungai Besi,
　　　　　57000 Kuala Lumpur, Malaysia.
　　　　　電話：603-90563833　傳真：603-90562833
行政院新聞局北市業字第913號

美術設計──copy
印　　刷──卡樂彩色製版印刷有限公司
總　經　銷──高見文化行銷股份有限公司　電話：(02)2668-9005　傳真：(02)2668-9790

2014年 (民103) 3月25日初版　Printed in Taiwan　定價350元
2017年 (民106) 12月19日初版3刷
著作權所有‧翻印必究　978-986-272-560-3
商周出版部落格──http://bwp25007008.pixnet.net/blog

國家圖書館出版品預行編目

希臘神話占星塔羅 / 寶靈, 恩希著. -- 初版. -- 臺北市：
商周出版：家庭傳媒城邦分公司發行, 民103.03　面； 公分. -- (東西命理館)
ISBN 978-986-272-560-3 (平裝)　1.占卜　2.占星術

292.96　　　　　　　　　　103003519

◎寄款人請注意背面說明
◎本收據由電腦印錄請勿填寫

郵政劃撥儲金存款收據

收款帳號戶名

存款金額

電腦記錄

經辦局收款戳

郵政劃撥儲金存款單

億 仟萬 佰萬 拾萬 萬 仟 佰 拾 元

金額（阿拉伯數字）　5 5 0

收款戶名　書蟲股份有限公司

寄款人　□他人存款　□本戶存款

款　主管：

收款帳號　98-04-43-04　1 9 8 6 3 8 1 3

通訊欄（限與本次存款有關事項）

BF6020《希臘神話占星塔羅》
SALE-OBABD

姓名
地址
電話

經辦局收款戳

虛線內備供機器印錄用請勿填寫

郵政劃撥存款收據
注意事項

一、本收據請妥為保管，以便日後查考。

二、如欲查詢存款入帳詳情時，請檢附本收據及已填妥之查詢函向任一郵局辦理。

三、本收據各項金額、數字係機器印製，如非機器列印或經塗改或無收款郵局收訖章者無效。

寄款人請注意

一、帳號、戶名及寄款人姓名地址各欄請詳細填明，以免誤寄；抵付票據之存款，務請於交換前一天存入。

二、本存款單金額之幣別為新台幣，每筆存款至少須在新台幣十五元以上，且限填至元位為止。

三、倘金額塗改時請更換存款單重新填寫。

四、本存款單不得黏貼或附寄任何文件。

五、本存款金額業經電腦登帳後，不得申請撤回。

六、本存款單備供電腦影像處理，請以正楷工整書寫並請勿摺疊。帳戶如需自印存款單，各欄文字及規格必須與本單完全相符；如有不符，各局應婉請寄款人更換郵局印製之存款單填寫，以利處理。

七、本存款單帳號與金額欄請以阿拉伯數字書寫。

八、帳戶本人在「付款局」所在直轄市或縣（市）以外之行政區域存款，需由帳戶內扣收手續費。

交易代號：0501、0502現金存款 0503票據存款 2212劃撥票據託收

本聯由儲匯處存查284,000本(100張)96.12.210x110mm(80g/m2模)保管五年 （拾大）

FUTURE

FUTURE